I0698559

Viviré para Conocerte

Cómo cumplir
el propósito
más allá de todo
pronóstico

YARIMELL CASTRO

Editado por: Ofelia Pérez
PowerLionBooks.com

Viviré para conocerte
Cómo cumplir el propósito más allá de todo pronóstico

© 2021 por Yarimell Castro

ISBN: 978-163684249-3

Impreso en los Estados Unidos de América

Viviré para Conocerte

Cómo cumplir
el propósito
más allá de todo
pronóstico

YARIMELL CASTRO

DEDICATORIA

Dedico este libro a los amores de mi vida, al motivo que me mantuvo viva todo este tiempo, a unas personas que demostraron ser nobles, fuertes, inquebrantables, amorosos, resilientes y empáticos: mis cinco hijos. Abbiel, Yanuel, Yeriel, Kemuel y Amanda. Los amo de aquí hasta el cielo, con todo mi corazón.

A mis amados padres, Luis y Marilén, sin ustedes creo que hubiese muerto. Los amo.

AGRADECIMIENTOS

Doy gracias a Ti, Padre; a Ti, Hijo; y a Ti, Santo Espíritu de Dios, por esta victoria hermosa. Gracias porque hasta aquí me ayudaste y me sostuviste, hasta el sol de hoy. Gracias por tu bendita misericordia, gracia y favor. Eres mi razón de existir. Sin Ti nada soy.

A toda mi amada familia por todo su apoyo, por sus oraciones y sus demostraciones de cariño en tiempos de angustia; demostraciones que aliviaron mi dolor como un bálsamo oportuno. A mis hijos que, aunque pequeños, demostraron valentía, respeto y amor, aunque no entendían lo que acontecía. Su buen comportamiento, su respeto y su cariño trajeron paz a mi alma. Los amo con todo mi corazón.

A mis amigos y compañeros queridos, un amigo es como un hermano en tiempos de angustia, y tengo la dicha de contar con los mejores. Estuvieron conmigo día y noche, siempre me han apoyado de diferentes maneras, han demostrado su amor, cariño y respeto a lo largo de nuestra gran aventura. Manos amigas, manos consoladoras, manos que acarician, fueron y son mi milagro de amor en todo este tiempo. Los amo.

A ti, mi querido lector, por decidir leer nuestra historia. Le pido al Señor Dios Todopoderoso que cada palabra de este libro edifique tu vida de una manera especial. Que te infundan aliento y esperanza. Que nunca olvides que Dios hará un milagro en tu vida, así como lo hizo en la nuestra.

CONTENIDO

PRÓLOGO

Sin duda alguna, este libro es una lectura cautivante que impacta, transforma y liberta; un relato detallista y lleno de sorpresas de principio a fin. Todos pasamos por situaciones que de una u otra forma nos hacen identificarnos con diferentes partes de la vida de Giada Costa Sol. En algún momento hemos sido engañados, manipulados, por algo o por alguien; pero tenemos la certeza de que aún en pedazos, si ponemos nuestra vida en manos del Alfarero, podemos ser convertidos en una obra maestra.

Más allá del drama que narra Giada, también destaca que su devoción y su fe en Dios la han sostenido durante toda su vida, manteniéndose enfocada en hacer la voluntad de Dios respondiendo a su llamado de ser adoradora y su ministerio con las mujeres. Este testimonio es una de las evidencias de que Dios es fiel. Ciertamente me hace recordar Isaías 40:31 donde dice: "pero los que esperan a Jehová tendrán nuevas fuerzas; levantarán alas como las águilas; correrán, y no se cansarán; caminarán, y no se fatigarán". Dios la ha ayudado a caminar cuando no tenía fuerzas, manteniéndose como guerrera parada en la brecha para sacar hacia adelante a sus cinco hijos. Es la fe en Dios, Su favor y protección lo que distingue este libro.

Samuel y Joann González
Dúo Linaje Escogido
Autores del libro *No te conformes con la Copia*

INTRODUCCIÓN

Si yo tuviera que describir *Viviré para conocerte,* diría que es una narración sencilla de la experiencia más brutal que cambió para siempre la vida de una familia común puertorriqueña y que transformó todo nuestro ser. Es una narración de muchos milagros de amor que brotaron en medio de un terrible caos. En medio de la más violenta crisis, milagros revoloteaban como mariposas a nuestro alrededor mientras rompíamos la crisálida que hasta ese momento nos mantuvo protegidos.

Fuimos expuestos de golpe a nuestra nueva realidad. Y sobrevivimos. Jesús triunfó. Escribir fue la salvación que necesitaba para sanar mi alma. Fue un refugio para aceptar mis heridas y con cada palabra recibir la sanidad de mi amado Jesús. Por eso nace este libro, como una esperanza de vida que provocó una confrontación directa entre lo que sentía y la esperanza que estaba ante mí para transformar una vasija quebrada, en una obra de arte unida por la sangre preciosa de mi Maestro. Había ante mí un reto muy grande de abrazarme al Maestro y sanar, o mirar para otro lugar y seguir por la vida, destruida y desesperanzada.

Hoy te invito a que descubras y te sumerjas en esta historia basada en hechos reales que sé que tocará cada fibra de tu alma, regalándote la esperanza de que en Jesús sobran motivos para vivir. Sobran canciones para cantar, sobran momentos para danzar, sobran razones para volver a soñar. La situación difícil no puede robarte la posibilidad de cerrar tus ojos y pensar: "Esto pronto acabará y vendrán tiempos de bonanza. Sé que todo obrará para bien porque yo te amo, Jesús".

LO TIENES TODO... Y NO TIENES NADA

Porque yo sé los pensamientos que tengo acerca de vosotros, dice Jehová, pensamientos de paz, y no de mal, para daros el fin que esperáis. (Jeremías 29:11)

Aquella noche era distinta, había un silencio extraño, un silencio que duele, un silencio que habla, un silencio que anuncia, un silencio que grita que algo horrible y espantoso, el dolor más profundo que alguien pueda sentir estaba a punto de ocurrir.

Recuerdo que esa noche asistí a la iglesia como de costumbre. Estaba muy cansada. Realmente no quería ir, pues había sido un día muy largo. Había trabajado y entregado las calificaciones a los padres de mis estudiantes, luego me reuní con mi familia

EL TERROR ESTABA A PUNTO DE SORPRENDERME.

y almorzamos. Estaban cuatro de mis hijos, mi esposo y yo en esa pequeña reunión. Sentíamos mucha felicidad porque los chicos habían demostrado un progreso grande en sus clases y lo celebramos. Nos despedimos, recuerdo que besé los labios de mi esposo, lo abracé y le dije que lo amaba, sin saber que ese sería el último beso, el último te amo, el último abrazo.

Llegó la noche, me acosté con el mismo vestido rosa y marrón con el que fui a la iglesia. Recosté mi cabeza sobre mi almohada y rápidamente me dormí. El sueño era muy profundo, pero pude sentir que la temperatura del cuarto, el olor, y aun la atmósfera, habían cambiado. Todo indicaba que el terror estaba a punto de sorprenderme. A las doce de la noche en punto una voz inigualable, potente, sobrenatural y autoritaria, pronunció mi nombre completo:

—Giada Costa Sol

Inmediatamente me desperté aterrorizada y pensé: "Mi esposo está trabajando y estoy sola en esta casa con mis cinco hijos que aún duermen en sus cuartos". Luego dije:

—¿Y ahora qué voy a hacer? ¿Cómo defenderé yo sola a mis niños?

El miedo se apoderó de mí, de mi cuerpo. Me quedé quieta en mi cama, mi respiración se aceleró, cerré mis ojos y pensé "esto no puede estar pasando". Le pedí a Dios en mi mente:

—Por favor, Dios, ten misericordia de nosotros.

Cuando por fin pude incorporarme y agarrar fuerzas y valor, asomé mi rostro por la ventana de mi cuarto para esperar algún enfrentamiento entre alguna persona y yo. Para mi sorpresa, en la escalera de mi casa no había nadie; la escalera estaba completamente vacía, solo estaba nuestro perro Toby. Me senté en mi cama y pensé:

—Yo no estoy loca. Yo escuché esa voz fuerte y clara.

Recuerdo que oré a Dios y me encomendé al Padre Celestial. Traté de quedarme despierta, pero era imposible porque el cansancio era muy grande. Me quedé completamente dormida otra vez. A las tres de la mañana en punto, la temperatura del cuarto, el olor, la atmósfera, volvieron a cambiar. Hacía frío, mi corazón se volvió a acelerar otra vez, como anunciando o avisando que una experiencia terrible estaba a punto de acontecer.

Otra vez aquella voz potente, inigualable, fuerte y sobrenatural volvió a pronunciar mi nombre completo por segunda vez. Pero este segundo llamado ya no produjo terror en mí, ya estaba segura de que aquella voz no era humana, no era terrenal; era completamente la voz del Señor. Ya no había duda ni confusión en mi corazón. Al fin pude reconocer la voz de mi amado Pastor. El Pastor que amaba mi alma, el Pastor de Pastores, de mi Rey, de mi Señor Jesús. Entonces me levanté de la cama, caminé hacia la sala, prendí la luz, me arrodillé y le dije estas palabras al Señor:

—Señor, ya no tengo duda de que me has llamado, y te pregunto: ¿qué está pasando? Te ruego que cuides a mi familia, que no le sobrevenga ningún mal y que ninguna plaga los toque, pero si hay algo más que quieras decir, yo te escucho.

Me quedé esperando alguna respuesta del Señor, pero no me habló nada más. Ya no pude dormir otra vez. Ese sábado teníamos planes. Cuando mi esposo llegara de su trabajo íbamos a ver a mi padre que estaba recién operado de su espalda. Salvador tenía el tercer turno en una compañía privada, pues no había encontrado trabajo como ingeniero. Me quedé despierta esperándolo, pasaron tres horas y estaba ya retrasado, pero en ocasiones él visitaba primero a su mamá, por eso no me inquieté tanto. Hasta que lo peor, la noticia más devastadora, lo que menos imaginé, sucedió.

La llegada de lo inesperado

A las seis y cuarenta y cinco de la mañana del 1 de noviembre de 2014, sonó la sirena de la policía frente a mi casa. Mi corazón comenzó a acelerarse otra vez, mi respiración avanzaba tan rápido que casi no podía respirar y me quedaba sin aliento. Todo mi cuerpo se estremecía y temblaba, pues sabía que algo ocurría. Cuando abrí la puerta vi a dos policías frente a nuestra casa. Ellos se encontraban en estado de conmoción, estaban tan impresionados que no podían hablar, y solo me mostraron la licencia de conducir de mi esposo. Cuando mis ojos alcanzaron a ver el rostro de mi esposo en esa licencia, caí sentada en la escalera y comencé a llorar, pues el único pensamiento que venía a mi mente era que él estaba muerto. Ellos no hablaban, solo repetían una y otra vez:

—Señora, nos tiene que acompañar.

Yo, llorando, les trataba de explicar que mis cinco niños dormían aún y no podía llevarlos conmigo a ningún lado sin saber antes lo que estaba ocurriendo. En ese momento se despertó mi hijo mayor, me abrazó fuerte y me decía:

—Mami, tranquila, que Dios está en control.

Un vecino se percató de que algo ocurría en mi casa, habló con los policías y me dijo:

—Tranquila, Giada, vete con los nenes al cuartel y yo acompaño a los policías.

Levanté a los chicos, les dije que tenían que vestirse rápido y que era una emergencia. Recuerdo que Rocío apenas tenía dos años y aun lactaba. Es la menor de mis cinco hijos. Dios nos regaló cinco hijos maravillosos, cuatro varones y una niña hermosa.

Me estacioné en el cuartel del pueblo donde vivíamos. Mientras seguía haciendo llamadas, recuerdo que llamé primero a la casa de mi padre para avisar que no llegaría, pues había ocurrido algo con Salvador y era grave. Llamé a mis hermanos, a la familia de mi esposo, y a mi madre para encargarle a mis hijos. Mientras esperaba, entró la llamada del vecino que me indicaría lo que había ocurrido. Me dijo que mi esposo tuvo un accidente automovilístico de carácter grave: había estrellado su automóvil contra un poste de energía eléctrica a cinco minutos de llegar a nuestro hogar. El vecino me dijo que él estaba bien, y debo confesar que mi corazón sabía que estaba mintiendo.

Entregué mis niños a mi mamá. Mi hermano me llamó y dijo que a mi esposo lo habían trasladado en una ambulancia aérea al Centro Médico más grande de mi país, y que lo viera allá. Así lo hice. Conduje directo hasta ese hospital. Mientras conducía hablé entre sollozos con Dios y le dije estas palabras:

—Dios, todavía no sé lo que está pasando, pero quiero decirte algo. No sé cuál es Tu voluntad en este momento, no te voy a pedir que hagas una cosa u otra, solo te digo que se haga Tu voluntad. Si le quieres preservar la vida, te amaré y si no, también te amaré. Solo te ruego que nos fortalezcas y nos des sabiduría a todos.

El trayecto se me hizo eterno. Mi mente estaba a punto de estallar, pues todavía no lo había visto, no sabía con certeza qué era lo que acontecía. Pensaba en mis hijos, en mi esposo; pensaba que no sabía cómo iba a reaccionar ante un escenario incierto hasta ese momento. Era una mezcla de desespero, miedo intenso, impotencia... era terrible. En ese momento no sabía que mi vida había cambiado y había dado un giro abismal, que todo lo que conocía como normal había cambiado. Mi mente cambiaría, mi rutina de veinte años... todo cambiaría. Absolutamente todo.

Una mirada a tiempos felices

Una película completa comenzó a pasar por mi mente de camino al hospital. Cuando Salvador y yo nos casamos, él tenía 27 años y yo 18. Él ya había completado sus estudios universitarios como ingeniero y yo apenas estaba comenzando la universidad. Él había sido mi único novio, nos casamos en la iglesia a la cual yo pertenecía y ya habían transcurrido veinte años de nuestro matrimonio. Procreamos cinco hermosos hijos y nuestro matrimonio era uno normal. Había diferencias, como en todo matrimonio, pero nunca hubo infidelidades o faltas de respeto, nos amábamos, y amábamos nuestros hijos.

Recuerdo uno de los momentos más hermosos que vivimos juntos como familia. Fue dos años antes del accidente. Uno de nuestros sueños era visitar todos juntos una islita llamada Culebra. Lo habíamos intentado varias veces, pero no fue hasta ese verano que una amiga, una hermana, Amorette, muy querida por mí, me llamó y me dijo:

—¿Quieres ir con nosotros para Culebra?

Sin pensarlo dos veces le dije que sí. Absolutamente sí. En ese año experimentamos una bendición tras otra. Quedé embarazada de una niña que deseaba con todo mi corazón, recibí en mi trabajo la permanencia que por tantos años había esperado, y ahora visitaría un lugar que anhelaba con todo mi corazón.

Amorette es una amiga que me conoce desde mi infancia. Fue mi maestra de escuela bíblica, y se convirtió en una hermana. Tanto ella como su amado esposo eran grandes amigos, pero ella no sabía el anhelo de mi corazón, y en ese momento, como en muchos otros, fue un instrumento maravilloso de Dios para bendecir nuestras vidas de una manera especial.

Al fin llegó el día, tomamos el barco que nos trasladaría hacia la isla, y llegamos. Culebra es una isla escasamente poblada, y tiene en el noroeste una playa llamada Flamenco, con arenas blancas como perlas y el agua más azul turquesa y cristalina que se pueda imaginar. Tiene unas colinas pequeñas y arboladas, y cerca está otra playa llamada Tamarindo, con aguas llenas de peces de colores, tortugas de mar y mantarrayas.

Es uno de los escenarios paradisíacos más hermosos del mundo. No hay casi señal de teléfonos, apenas hay restaurantes de comida rápida, no hay centros comerciales, y donde estábamos no había televisión. Nos quedamos en un apartamento de madera cuyo balcón daba hacia el hermoso mar azul. Así que nos acostamos con el sonido y el olor del mar maravilloso. Bajábamos e inmediatamente llegábamos a la playa Flamenco. No lo podía creer. Estábamos en uno de los lugares más perfectos que pudiera existir.

Ese fue, sin duda, un tiempo hermoso. La cara de los niños era indescriptible, la emoción los embargaba, corrían sin parar, reían por horas, no salían de la playa, pero no los podía culpar porque yo hice exactamente lo mismo. Aprovechamos cada minuto, cada instante. Nos sentamos en la arena, jugamos con las olas. Hasta la pequeña Rocío durmió arrullada por el sonido del hermoso mar con el vaivén de las olas.

Una tarde, ya cuando caía el sol, los niños estaban cansados dentro del apartamento, y recuerdo que Salvador y yo aprovechamos para caminar descalzos por la orilla del mar, agarrados de las manos, disfrutando del paisaje y de un atardecer románticamente diseñado para amarnos. Nos abrazamos, lo miré a los ojos y le dije:

—Siento una paz tan profunda, pero al mismo tiempo siento en mi espíritu que algo terrible está a punto de acontecer.

Me miró y, como siempre, me sonrió y me dijo:

—No tengas temor, Dios nos cuida.

Me abrazó con mucha fuerza, sin saber que aquellas palabras habían sido proféticas, porque unos meses después ocurrió la tragedia más fuerte y triste que habíamos experimentado como pareja y como familia.

La peor crisis

Después de esa experiencia hermosa, pasaron varios meses y nuestra relación comenzó a experimentar una crisis económica como nunca. Creo que esta había sido la peor, la que casi acaba con nuestro matrimonio, la que me empujó a pedirle el divorcio. Eso fue antes del accidente. Él estaba en una especie de limbo, no encontraba trabajo, perdimos el carro, casi perdimos la casa. Fue una temporada muy oscura. El desespero se apoderó de mí.

Yo pensaba que él estaba experimentando alguna situación emocional que le impedía levantarse de aquel viejo sofá y comenzar a buscar un trabajo. Era sumamente frustrante llegar de trabajar con los niños y observar que él no se había levantado ni siquiera para limpiar el hogar, ni preparar los alimentos. La impotencia me invadía, pues después de una larga jornada de trabajo tenía que llegar a preparar los alimentos, asear la casa y bañar los niños, para luego hacer las tareas escolares; y verlo a él en ese limbo era muy desesperante.

Todas nuestras obligaciones estaban juntándose, hasta que comenzamos a perder nuestros bienes poco a poco. Recuerdo que esa Navidad ni siquiera teníamos dinero para comprar regalos para los niños. Ante ese panorama ya no podía más, me cansé, me cansé de insistir que buscara trabajo, ya no podía más luchando sola. Las peleas y las discusiones no paraban; ya era insostenible la relación.

Llegó el momento donde le pedí que nos divorciáramos, pues no veía la solución a aquel panorama tan desalentador. Su respuesta fue que le diera más tiempo para encontrar algún trabajo.

Ese tiempo llegó. Él había conseguido un trabajo permanente donde ganaba incluso más que como ingeniero. Todo volvió a ser como siempre. Pero cuando creíamos haber superado lo peor, llegó la peor de las pruebas, la peor de las crisis.

Salvador era la única persona que había estado conmigo durante veinte años. Era mi amigo, mi confidente, mi esposo, mi amante, él era todo para mí. Estábamos tan compenetrados que solo podía ver a través de sus ojos. Por eso, en ese instante que ocurrió el fatal accidente, cuando él ya no estaba presente en mi vida, cuando me percaté de mi nueva realidad, me sentí perdida, sin identidad, sin propósito en la vida. Yo dependía de él para todo. Había cosas en el hogar que en veinte años yo nunca hice, pues él se encargaba. En un abrir y cerrar de ojos ya no estaba. Y ahora qué, qué sería de mí, de mis hijos.

Él era demasiado importante. Representaba la fuerza, el motor, él era todo, y ya no estaba. Así que mientras transcurría el viaje de unos quince minutos al hospital, que para mí fue eterno, yo seguía recordando mi vida con él desde que nos conocimos, nuestro noviazgo, el nacimiento de cada uno de nuestros hijos, las alegrías, los momentos amargos, las metas alcanzadas, en fin... toda nuestra vida pasó por mi mente durante el trayecto hacia el hospital.

Olor a muerte

Al fin llegué al Centro Médico más grande de mi país. Me estacioné rápidamente, literalmente corrí hacia la puerta de emergencia de ese gran hospital. Desde ese momento en adelante Dios comenzó a realizar milagros imparablemente. Cuando llegué desorientada, completamente desesperada, desencajada, me encontré con una guardia, y cuando miro bien su rostro salí por un instante de mi confusión y pude reconocerlo: era la hija de la copastora de la iglesia donde asistíamos. Le dije:

—Lisa, ayúdame, acaban de traer a Salvador en ambulancia aérea a este hospital y necesito verlo.

Cuando pronuncié esas palabras, inmediatamente el rostro de Lisa se descompuso ante mis ojos. Ella no pudo disimular el horror y me contestó:

—Giada, no me digas que el que acaban de traer es Salvador.

Y le contesté:

—Sí, Lisa, es Salvador.

Ella me dijo:

—Siéntate aquí, que regreso en un minuto.

Ella salió corriendo despavorida y yo me senté. Comencé a temblar entre la mezcla de aquel frío insoportable y los gritos de personas que estaban siendo informadas que su familiar o amigo había muerto, o estaba en coma, o estaba grave. El olor tan indescriptible que caracterizaba aquel hospital, olor a espanto, olor a frío, olor a muerte, era terrible.

Yo estaba sola y sentía que me estaban matando por dentro, por la espera desoladora. Lisa al fin salió, me llamó y me indicó que entrara. Ella trató de explicarme, pero, aunque podía escucharla, mi mente no podía entender lo que ella me explicaba. Solo le preguntaba constantemente:

—¿Cómo está Salvador? ¿Está vivo? ¿Cómo está Salvador?

Ella solo me dijo:

—Giada, tienes que ser fuerte, voy a hacer algo que me puede costar mi trabajo. Te voy a llevar donde está él, pero no puedes llorar, no puedes gritar, tienes que estar tranquila. Por favor, prométeme que tratarás de estar tranquila.

Yo la escuchaba, pero no podía entender lo que me decía. Mi corazón estaba partido en mil pedazos, solo quería escuchar que él estaba bien. Pero esas palabras nunca salieron de la boca de Lisa. Cuando iba caminando, agarrada de la mano de Lisa, seguía sintiendo en mi cuerpo el frío espantoso de aquel lugar. Mientras me iba acercando solo pensaba: "Él está bien, está vivo". El olor cada vez era más fuerte, más horrible, más nauseabundo, era un olor a sangre, a putrefacción, un espanto total. Y encontré a mi esposo.

LUZ AL FINAL
DEL TÚNEL

El Señor es mi pastor, nada me faltará. (Salmos 23:1 LBLA)

Cuando por fin llegué al cuarto donde estaba Salvador, lo vi, vi su rostro, no tenía sangre al parecer. Él subía su mano derecha constantemente hacia su cabeza, yo le hablaba, pero él no respondía. Le dije:

—Mi amor, aquí estoy, no pude llegar al lugar del accidente, pero aquí estoy, te amo, te amo...

Pero esa frase, que siempre era correspondida por un *yo también te amo,* en esa ocasión no tuvo respuesta, pues él no habló.

Él estaba parcialmente desnudo. Revisé todo su cuerpo buscando alguna herida y por un momento me tranquilicé pensando que la situación no era tan grave. Pero él no respondía. La enfermera me indicó que me permitiría estar solo hasta que le hicieran unos exámenes pertinentes que le indicaría las lesiones que él tenía en su cuerpo. Pasó alrededor de una hora hasta que por fin llevaron a Salvador hacia el lugar del examen.

Mi mente estaba procesando todo lo que mis ojos estaban viendo y todo lo que estaba escuchando, pero era difícil para mí aceptar mi realidad. Constantemente repetía "él está bien", pero nadie corroboraba ni afirmaba mis palabras. Me indicaron que tenía que estar en la sala de espera. Me entregaron sus pertenencias, que solo eran una correa y algunos dólares. Me fui hacia la sala de espera, completamente aturdida.

Cuando levanté mi vista me encontré con una de mis tías, que inmediatamente me abrazó, y fue entonces que al sentir su calor en aquel lugar tan frío y desolador, pude llorar entre sus brazos. Ella me miró a los ojos y me preguntó:

—Giada, ¿qué fue lo que Dios te dijo con respecto a este momento?

La miré y le dije:

—Dios me dijo que se lo llevaría.

Recordé que, en varias ocasiones, por medio de sueños, profetas y Dios directamente, me habían avisado de ese momento. Sus palabras no aliviaron para nada mi dolor, pero pudieron ubicar mi mente y reflexionar que Dios estaba en control; que pasara lo que pasara, Dios estaba presente. Mi tía se retiró, me entregó unas sábanas y una almohada, me dio unas palabras de aliento y se fue. Los familiares de Salvador llegaron. Su madre estaba destrozada, su tía, sus hermanos, su sobrino, sus tíos, todos estaban destrozados porque Salvador tenía una gracia maravillosa, y su familia, sus amigos y sus hijos lo amaban. Les indiqué la poca información que tenía, les describí con lujo de detalles lo que vi cuando entré al cuarto, y seguimos esperando que algún doctor saliera para darnos noticias.

Pasaban las horas, la angustia crecía, las personas en la sala de espera comenzaron a desesperarse y el comentario constante era que no había suficientes doctores y que no había neurólogos. Cuando escuché esas palabras la desesperación y la impotencia me cegaron y comencé a llamar a personas que yo sabía que me podían ayudar. Hasta que en un grito de angustia les dije a los guardias que necesitaba hablar con el doctor que dirigía esa sala porque yo necesitaba saber cómo estaba mi esposo. Lo que provoqué con esa acción fue que un doctor con aspecto duro, inmisericorde, poco delicado, me dijera de la manera más cruel, más dura, más fuerte, que me preparara para estar meses en aquel hospital porque la condición de mi esposo era en extremo grave.

Salvador estaba en estado de coma, tenía todas sus costillas quebradas, su pelvis se había partido en tres pedazos, sus tobillos estaban quebrados, pero lo peor era que tenía un sangrado cerebral profuso y no sabían si tenía muerte cerebral. Es decir, físicamente no aparentaba tener lesiones porque todas sus heridas eran internas. Tengo que confesar que cuando escuché todas esas palabras sentí que me iba a desmayar. Y me dijo otra cosa más:

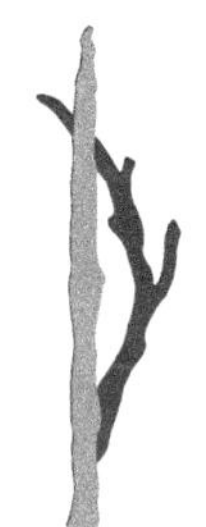

—No apague su teléfono, porque si recibe una llamada en la noche usted tiene que salir rápidamente para el hospital. A partir de hoy usted y su familia vivirán un día a la vez. Hay que observar a su esposo todo el tiempo, y si logra sobrevivir esta noche, hay que evaluar los daños y cómo lo ayudaremos día a día. Así que váyase para su casa porque aquí no va a hacer nada, no podrá verlo más por esta noche. Regrese mañana a las una de la tarde que son las visitas de los pacientes que están en este lugar.

Miré a la familia de mi esposo, me despedí y me fui para el auto. Cuando me monté estaba con mi sobrino y no hablé por todo el camino. Solo pensaba cómo les iba a decir a mis hijos toda esta información. Ya era de noche, y el dolor, la frustración, la incertidumbre, la negación, se apoderó de mí.

¿Cómo miro a mis hijos a los ojos y les digo lo que le ocurre a su padre? Era el hombre que estaba siempre con ellos, que se desvivía porque ellos estuvieran bien, que estaba junto a ellos en cada triunfo, en cada caída, en las situaciones más difíciles, pero también en los momentos más dulces. El hombre que les enseñó a jugar baloncesto, que los besaba, los abrazaba antes de dormir e incluso algunos de ellos se quedaban dormidos encima de él. ¿Cómo les digo que papá no regresará a casa y que no sabemos qué pasará con él? ¿Cómo les digo? Nunca les he mentido. Siempre he hablado con ellos con la verdad.

Milagros
en una dura realidad

Llegué a casa de mi mamá, donde estaban mis hijos. Abracé como nunca a mi mamá. Lloré. ¡Lloré tanto! Los nenes inmediatamente se me tiraron encima, lloramos juntos tirados en el piso. Los miré y les dije que papá había tenido un accidente grave. La policía pensaba que se había quedado dormido después de salir de su trabajo y chocó con un poste de cemento. Les dije que papá no estaba bien, pero que todos le servíamos a un Dios de poder y que era momento de orar.

Recuerdo que oramos y se fueron a dormir. Mi hijo mayor ya tenía 16 años y a él lo llamé al cuarto, lo miré y le dije: "Samuel, no te voy a mentir. Tu papá no está bien, tenemos que esperar que esta noche pase y ver qué pasa. Tenemos que orar". Recuerdo el rostro destrozado de mi hijo mayor, llorando abrazado a mí. Luego le dije:

—Hijo, es momento de orar; como tú me dijiste: Dios tiene el control.

Él me dijo:

—Mami, Dios no es loco, Él va a hacer algo, lo sé.

Yo le contesté:

—Amén, hijo.

Su fe en ese momento era mucho más grande que la mía. Samuel es el hijo que todo padre anhela tener. Un joven que desde muy temprana edad tuvo un encuentro personal con el Señor, por lo tanto, es muy sensible a Su voz. Es un joven responsable, amoroso, servicial, y con muchísimas cualidades más. Es un joven especial.

Esa noche no dormí. Los nenes sí pudieron dormir, pero yo me quedé toda la noche en vela junto a mi mamá, orando e intercediendo por mi esposo.

Llegó la mañana, me tocaba madrugar para ir hacia la casa y buscar ropa limpia para ir al hospital. Gracias a Dios el teléfono nunca sonó, así que eso representaba buenas noticias. Me tocó montarme en el auto, conducir hacia mi casa y pasar por el lugar del accidente, pues esa era la ruta obligada. No podía parar de mirar hasta que llegué al lugar, y todavía había rastros del fatal suceso. Me estacioné, lloré en el lugar un rato, me monté y me dirigí a nuestra casa. Cuando llegué, nuestros perros nos esperaban sentados frente al portón. Me miraban como si supieran que algo grave estaba pasando; sus ojos solo reflejaban tristeza.

Recuerdo que le hablaba a Toby como si me entendiera. Jugué con él por unos minutos, pues esa era la rutina de Salvador con él. Me fui hacia arriba, la casa estaba desordenada y muy vacía, fría, triste, oscura, no quería estar allí. Fui al

closet y mientras buscaba las camisas de Salvador, las olía para no olvidar jamás su aroma. Me acosté en la cama abrazada a una de sus camisas y lloraba. No podía creer lo que estaba sucediendo. Era como una película, totalmente increíble. Cuando estuve lista hice varios bultos de ropa para los nenes, para Salvador y para mí. Me fui lo más rápido que pude, fui a casa de la familia de Salvador y me llevé a su mamá y a su hermano, que de ese momento en adelante serían mis acompañantes todos los días.

Cuando llegué el hospital estaba lleno, y fui inmediatamente a buscar información de cómo él había pasado la noche. Lo único que me indicaron era que tenía que esperar hasta la una de la tarde, y si no hubo una llamada es porque todo había transcurrido bien. Recuerdo que faltaban alrededor de tres horas para esa visita, así que decidimos irnos para regresar luego. Ese día empecé a ver a Dios en cada evento que nos ocurría. Literalmente comencé a sentir a Dios en mi vida de una forma sobrenatural y decidí decirlo en voz alta. El primer milagro fue que Salvador sobreviviera ante un evento tan desastroso como fue el accidente.

Salvador conducía una guagua de 1985 marca Toyota aquella fatídica madrugada. Esa guagua quedó completamente destrozada. No había un espacio para un cuerpo humano en el lugar donde estaba Salvador después del impacto, porque el carro quedó incrustado en el poste de cemento. El motor del carro cayó en el asiento del pasajero.

Es un milagro que una persona que presenció todo el accidente se detuviera inmediatamente y auxiliara a Salvador con tal rapidez que en unos minutos las ambulancias llegaron al lugar. La escena era terrible y fue manejada como fatal. Así que el hecho de que Salvador sobreviviera ya era un milagro. Ese domingo recuerdo que regresamos al hospital y nos topamos con la hermosa sorpresa de que el equipo de baloncesto donde jugaba mi segundo hijo suspendió el juego que tenía programado ese día, para acompañarnos.

Todos los jugadores, padres y familiares estuvieron con nosotros en ese momento de dolor. Mi familia, mi iglesia, los jugadores, la familia de Salvador, amistades, se reunieron todos para orar por Salvador en las afueras del hospital, y eso para mí fue otro milagro que Dios realizó. Oramos con tanta fuerza y fe, que en medio del dolor fuimos fortalecidos con el poder del Espíritu Santo.

El Señor es mi pastor, nada me faltará...

Al fin pudimos verlo. Salvador estaba en estado de coma y así permaneció por un periodo de cuarenta días, aproximadamente. Cada día Dios hizo milagros sin parar. Recuerdo que antes del accidente un caballero de nuestra iglesia había tenido un sueño con Salvador donde Dios le regalaba el Salmo 23, y lo recordaba todos los días, dos veces al día, cuando veía a Salvador. Recuerdo que besaba su frente, oraba por él y le decía el Salmo 23, sin fallar. Fue en ese momento que un Salmo que aprendí desde niña cobró vida, sentido, pertinencia en mi vida y en la vida de Salvador. Lo besaba, le hablaba, seguía al pie de la letra todas las instrucciones que los doctores nos daban.

Fueron pasando los días, y hubo muchas personas que visitaron a mi esposo. A algunas las conocía y a otras simplemente no las conocía. Tuve que dejar por un año mi trabajo como maestra para dedicarme a los cuidados de mi esposo, pero la provisión de Dios llegó por medio de comunidades enteras, compañeros maestros, amigos, sacerdotes, pastores, familiares cercanos y lejanos, estudiantes, en fin. Fue tanta la abundancia en mi hogar que jamás me faltó nada. Conocimos a nuestro Dios proveedor, a Jehová Jireh, cara a cara. Dios lo suplió todo, absolutamente todo. Ni mis hijos, ni mi esposo, ni yo carecimos de nada.

Pasaron los días y los pacientes que entraron igual que Salvador fueron mejorando, otros fallecieron y otros fueron trasladados a otros centros de terapia. Yo notaba que algo no andaba bien, pues Salvador permanecía en el mismo lugar y no despertaba del coma. Seguía pasando el tiempo y mi corazón desfallecía porque no había progreso en la condición de Salvador. Un día dije: "Me tengo que reunir con los médicos porque sé que algo raro está pasando". Y así lo hice. Nos concedieron una reunión, me vestí con un traje negro elegante porque, aunque mi corazón desfallecía, me decía a mí misma que todo estaría bien y que Dios tendría el control.

Así que llegó el día, me acompañaban la mamá de Salvador y Lisa, que se convirtió en una gran aliada en el proceso del hospital. Recuerdo que quien nos informó era un médico practicante, el cual agarró el expediente médico de Salvador. Mis nervios me traicionaban, sentía náuseas, mareos, el frío era espeluznante, no podía contener mis lágrimas y todavía no había escuchado lo peor. Aquel doctor joven, inexperto, inseguro, estaba sumamente nervioso y recuerdo que leyó el expediente médico.

Había palabras y procesos que yo no podía entender; y cuando finalmente terminó de leer, me trató de explicar que por el fuerte impacto, Salvador había perdido neuronas que jamás recuperaría, y que por esa razón el daño cerebral era permanente. Agregó que él no despertaría de su condición de coma, y que si despertaba quedaría en un estado vegetativo. Me tenía que preparar para recibir en mi hogar a un hombre encamado y en estado de coma. Dijo que a raíz de esa situación Salvador sería trasladado a una unidad especializada de servicios paliativos donde me enseñarían a bañarlo, a alimentarlo, a cambiar sus pañales, pues él estaría en un estado vegetativo.

Al escuchar semejante noticia tuve que contenerme frente a la mamá de Salvador y frente a Lisa, así que me limité a quedarme en silencio. Por un momento estuve confundida, no podía aceptar aquellas palabras. Sentí que iba a caer en el suelo. Sentí impotencia, rabia, desconsuelo, me sentí morir. No podía ser verdad lo que mis oídos estaban escuchando. Me fui de aquel hospital completamente devastada, enlutada, moribunda; apenas podía respirar, solo quería estar sola y llorar y gritar. El dolor era devastador. Todas mis esperanzas y mi fe habían sido arruinadas con aquellas palabras.

Recuerdo que no comí nada. Esa noche había una campaña de jóvenes en mi iglesia y yo quería asistir. La mamá de Salvador me pidió que no dijera ni una palabra de aquel diagnóstico, y así lo hice. Llegué a la iglesia casi corriendo, empecé a llorar con un llanto desgarrador. Inmediatamente me recibieron varias hermanas y me abrazaron. Yo no quería soltarlas, quería que permanecieran así conmigo toda la noche. Me fui a un rincón donde nadie alcanzara a verme. Quería hablar con Dios. Solo Él y yo. Recuerdo claramente la oración de esa noche. Mis primeras palabras después de llorar y llorar ante Su presencia fueron: "Señor, te adoro, pero no entiendo nada. Tú no eres loco, yo te creo a Ti. Yo te creo a Ti".

Inmediatamente se levantó una hermana que no sabía absolutamente nada de lo que había ocurrido en aquel hospital, y me dijo: "Así te dice el Señor. Él no quedará postrado, él predicará Mi Palabra, yo lo levantaré, solo confía en Mí". Esas palabras fueron suficientes para comenzar a declarar las cosas que no son como si fueran. Aunque su situación no mejoraba, yo comencé a declarar lo que Dios había dicho sobre Salvador. En ocasiones las personas me miraban con pena, como si yo estuviese loca. Pero no me importaba, ya Dios había hablado y yo lo creí. Eso era suficiente.

Pasaron los días y recuerdo que Salvador comenzó a dar signos de despertar del coma. Primero abrió un ojo, luego abrió ambos. Otro día apretó mi mano. Le hablé como siempre y reaccionó. Y un día, realmente un buen día para todos, él comenzó a hacer algo que yo odiaba que hiciera. Era una manía que nunca dejó y que él sabía que me incomodaba bastante. Un buen día comenzó a escupir. Sí, a escupir. Cuando lo vi comencé a gritar y esta vez no de tristeza; comencé a celebrar que estuviera haciendo algo que en otras circunstancias me enfadaba mucho. Pero en esta ocasión lo celebré. Fue en ese momento que me di cuenta de que Dios comenzó a levantarlo.

Me empezaron a dar quejas de que trataba de quitarse el tubo de la traqueotomía, de que quería quitarse todas las mangas que tenía. Comenzamos a ver un progreso, hasta que en un fin de semana me dijeron que le quitarían el oxígeno para ver si podía respirar por sí mismo. Lo hicieron y sí, comenzó a respirar por él mismo. Otro día fui con mi papá, y para nuestra sorpresa Salvador intentó sentarse, y con el corazón dije: "Gracias, Señor, Tú estás obrando en su cuerpo". No había duda de que Dios estaba haciendo un milagro poderoso en él.

¡Eran evidencias de que estaba comenzando un milagro!

EL ENGAÑO

*Bienaventurado el hombre a quien
Jehová no culpa de iniquidad, Y
en cuyo espíritu no hay engaño.*
(Salmos 32:2)

Aunque el progreso que había demostrado Salvador en aquellos días era grande, los doctores decidieron trasladarlo a servicios paliativos, y fue una gran bendición ese traslado. Hubo una segunda reunión, esta vez con los doctores, enfermeras, trabajadora social y una patóloga. Dicha reunión produjo en nosotros un gran alivio. Allí discutimos el nuevo panorama que estaba ante nuestros ojos, y el doctor tuvo que confesarnos que el plan de trabajo para la recuperación de

Salvador había sufrido varios cambios ante las mejorías que él había presentado.

No obstante, el médico encargado del caso de mi esposo fue indicando, detalle por detalle, las condiciones en las que había llegado mi esposo: cada lesión, cada tratamiento, cada medicamento que le habían administrado, con una serenidad y una delicadeza maravillosa. Una delicadeza que sanaba, una delicadeza reparadora que nos abrazó y nos llenó de esperanza.

Yo escuchaba al Dr. Rodríguez y no podía parar de llorar, pero en esta ocasión mis lágrimas solo eran de agradecimiento, porque después de tantos días de angustia, incertidumbre y dolor, por fin me sentía en paz, en confianza. Al fin escuchaba a alguien interesado en ayudar a mi esposo, a tendernos una mano amiga, una mano que nos acompañaría, nos guiaría, nos abrazaría. No tan solo él, todo su equipo de trabajo fue un gran apoyo que jamás me cansaré de bendecir. Cuando terminó de hablar y todo su equipo se presentó y nos explicaron cuál era su rol en todo este proceso, recuerdo que nos dijo que lo primero que él haría era quitarle un medicamento llamado morfina, para ver cuál iba a ser su reacción.

Lo trasladaron para un área del hospital donde la habitación tenía otra temperatura, era más acogedora, de un color verde claro, lo que producía en mí una sensación de paz. Era un cuarto privado, limpio, parecía la habitación de una casa. Comenzamos a sentirnos más relajados.

El primer día que le quitaron la morfina a Salvador sucedió algo increíble. Era tan impactante que el Dr. Rodríguez entraba y salía de la habitación totalmente impresionado y sonriendo, y recuerdo que él decía que no podía creer lo que sus ojos estaban viendo; que lo que había sucedido confirmaba que allá arriba en los cielos existía un Dios de milagros. Resulta que tan pronto aquel medicamento fue quitado de su cuerpo, Salvador comenzó a hablar, se sentó y ese día hasta comió. Señores, estábamos ante un escenario completamente distinto. Podrán imaginarse nuestra alegría y emoción después de haber escuchado un diagnóstico desolador de un hombre que estaría postrado en un estado vegetativo. Ahora lo veíamos sentado, hablando, diciendo que tenía hambre. Era increíble su progreso, alabamos a Dios por ese milagro. ¿Y ahora qué? ¿Qué sucedería?

Fueron pasando los días y Salvador estuvo una semana en servicios paliativos. Allí recibió terapia física, terapia del habla, y poco a poco fue progresando. Hasta que llegó el día de llevarlo a casa. Mis expectativas con ese momento eran que él regresaría en silla de ruedas, pero para mi sorpresa lo recibiríamos encamado, y las terapias y otros servicios los recibiría en el hogar porque su pelvis no resistía las terapias físicas que él necesitaba. Había que esperar la operación y que sus huesos se fortalecieran, así que nos alistamos para recibirlo. Preparamos un pequeño apartamento que teníamos, ya que él no podía usar las escaleras. Seguimos todas las recomendaciones que nos dijeron y aún más. Quería que todo estuviera perfecto.

Dios les habló a varios hermanos de la iglesia para que me ayudaran en ese proceso. Dios tuvo cuidado del más mínimo detalle, tocó a los médicos de Salvador para que, paso a paso, dejaran todo listo en las transiciones de recibirlo del hospital al hogar. Jamás me cansaré de bendecirlos porque su enseñanza fue fundamental. Yo no tenía entrenamiento ni experiencia en estos asuntos médicos.

SEÑOR, TE ADORO, PERO NO ENTIENDO NADA.

Llegó el gran día, madrugamos, ya estaba todo listo. A mis niños ya los había preparado indicándoles las condiciones en las que verían a su papá. Los mayores ya lo habían visto, pero los pequeños no. Llegó en una ambulancia, pues al estar encamado solo así se podía trasladar. Era casi de noche y algunos vecinos veían por las ventanas, otros se acercaron, y él estaba desorientado. Su cabello estaba sumamente largo, él estaba bien delgado y no podía reconocer su hogar, hogar que había ocupado por catorce años. Pero estaba tranquilo.

Los enfermeros lo acomodaron en la cama, una enfermera graduó la máquina de la alimentación y me explicó sus cuidados. Y al fin los niños vieron a su papá ya en el hogar. Tenía mucho miedo de la reacción de los niños al ver a un papá un tanto distinto al que salió de la casa. Temía que se asustaran y no entendieran el proceso que estábamos viviendo. Tenía miedo de que lo rechazaran, pero quise pensar que el amor era más fuerte y se impondría en esta escena. Mi fe inquieta quería insistir en que ellos, aunque eran pequeños, tenían una capacidad que solo la inocencia puede dar. Un poder que los adultos hemos perdido por las experiencias vividas. Un poder que se llama aceptación.

El amor permanece

Su reacción fue una mezcla de felicidad, sorpresa, incredulidad y miedo. No se atrevían a acercarse a su papá. Era alguien un tanto distinto, no era el papá que salió de la casa aquel viernes; un papá que era el mismo y a la misma vez era otro hombre. Pero los niños son tan hermosos y tienen un corazón tan limpio que, aunque su papá era diferente, no les tomó mucho tiempo aceptarlo.

Aceptaron a aquel hombre encamado, delgado, enmudecido, y que no podía reconocer a aquellos hijos que amaba y que consentía en el pasado constantemente. Ellos lloraban, lo acariciaban, lo besaban, aunque no recibían respuesta de él por su condición. Fue un momento muy duro para ellos. Un momento que marcó sus vidas para siempre. Un momento que les enseñó que el amor permanece, aunque las circunstancias de nuestra vida cambien; que el amor es más fuerte en momentos duros, y crece, se reafirma, se aferra, se convence, lucha y permanece.

Esa noche no dormí nada, pues acomodé un catre al lado de su cama para vigilarlo y estar pendiente de sus sueños. Los nenes durmieron con mi padre en la casa que estaba arriba del apartamento. A mi lado, como siempre, estuvo la pequeñita de nuestro hogar, que apenas tenía dos años.

Me moría por el miedo de que algo le pasara. Cada cierto tiempo pasaba mis manos por su nariz para cerciorarme de que estaba respirando. A veces se movía dormido y rápidamente me levantaba para verificar que todo estuviera bien, y entre el temor, los ruidos de las máquinas que vigilaban su respiración, los latidos de su corazón, y la máquina que lo alimentaba, el sueño era imposible. Rocío seguía pegadita a mí en aquel espacio tan reducido.

Llegó por fin la mañana, después de haber pasado una noche tan fuerte. Pero pasamos la prueba: sobrevivió. Ahora comenzamos una rutina que seguiríamos todos los días por los próximos meses. Esa mañana él despertó, no podía hablar por la traqueotomía. Me preparaba para comenzar a asearlo, darle sus medicamentos, limpiar sus heridas y alimentarlo. Cuando iba a salir de la habitación, después de haberlo saludado, observé que él se había arrancado el aparato que tenía por la traqueotomía.

Él me estaba señalando aquel pequeño orificio. Cuando comprendí bien lo que mis ojos estaban viendo, pensé que tendría problemas respiratorios, me angustié y me desesperé. Llamé al doctor que lo atendía, le expliqué la situación y me dijo que debía llevarlo inmediatamente al hospital. Si él estaba respirando bien podía estar tranquila, pero había que revisarlo. Volver a aquel lugar era una tortura para mí y más ahora que él estaba encamado. Era demasiado, ya mis fuerzas se agotaban, pero eran tantas gestiones que no había tiempo para pensar en mi agotamiento, en mi dolor, en mi frustración, en mis miedos. Había que seguir, no me podía rendir.

Pasaban los días, seguían las citas, todo estaba marchando de maravilla, las terapias en el hogar fueron maravillosas. La gente seguía visitándolo, entre ellos los hermanos de la iglesia, los amigos y los familiares, y él seguía recuperándose poco a poco. El tiempo pasó muy rápido, pasó enero, pasó febrero, y poco a poco comenzó a hablar y a comer alimentos sólidos. Él no reconocía el lugar donde estaba, no recordaba a nuestra pequeña y descubrimos que había perdido los recuerdos de los últimos dos años.

Hubo momentos muy oscuros cuando él se descomponía, se tornaba agresivo, momentos cuando el dolor físico hacía que deseara la muerte. Yo no lloraba frente a él, no podía. De mi boca solo salían palabras de aliento, oraciones y pronunciaba el Salmo 23. Ese Salmo se volvió emblemático para mí, cobró un sentido muy grande, pues me infundía esperanza, fe y me fortalecía. Pero cuando estaba en la ducha, sola, ahí donde nadie me veía, comenzaba a llorar y a gritar; a veces mordía la almohada para que nadie escuchara mi llanto de dolor.

Era un dolor desgarrador, un dolor que te va consumiendo poco a poco sin darte cuenta, un dolor que sangra, que transforma todas tus esperanzas en un vacío interminable que en ocasiones provocaba que no pudiera reconocer lo que había ocurrido en nuestras vidas.

Luego llegó un momento muy esperanzador en nuestras vidas; el tiempo donde los doctores autorizaron a Salvador a ser internado en uno de los mejores hospitales de terapia física de nuestro país. Y entonces llegamos… con una maleta llena de ilusiones, esperanzas y sueños. Sueños de verlo caminar otra vez, sueños de ver que se convirtiera en el mismo hombre de antes.

La misma noche que llegamos lo pusieron de pie. Cuando lo vi no pude parar de llorar, él hablaba constantemente, en ocasiones incoherencias, y nos reíamos mucho. Comenzó a recibir sus terapias; eran intensas. Toda la mañana estaba en sus terapias y luego en la tarde descansaba. El personal de este hospital fue maravilloso y su terapista físico fue crucial en su recuperación. Dios una vez más nos demostró Su misericordia por medio de estas personas.

Recuerdo que en las ocasiones en que el dolor físico tocaba la puerta de Salvador, muchas personas venían y lo apoyaban con palabras de aliento, y de este hospital salió mucho más fortalecido; pero me confrontó con una información muy difícil de asimilar.

Se descorre el velo

De repente, hubo un momento muy fuerte en mi vida. Mi padre se había mudado con nosotros en este proceso para ayudarme con los cuidados de Salvador, y fui confrontada por él. Mi padre es un hombre muy humilde, con un corazón muy hermoso y lucha contra sus propios demonios a diario. Supo colocar sus situaciones a un lado para apoyarnos por completo, gesto que siempre agradeceré con todo mi corazón. En esas semanas se sentó en la escalera delantera de mi casa y me dijo estas palabras:

—Giada, tú sabes que jamás te he hablado malo en mi vida, pero tengo que decirte que Salvador te está cogiendo de pendeja.

Mi reacción fue de total sorpresa ante esas palabras que jamás en la vida había escuchado de los labios de un hombre al que amo, y que es una figura muy significativa para mí como hija. Un papá es un ser que infunde seguridad, acompañamiento, certeza, paz; no importa cómo estés de ánimo, cuando tus ojos lo ven acercarse, toda tempestad interna se calma solo con su presencia.

En ese momento me estaba mirando a los ojos para decirme en mi cara que el hombre que amaba, que casi muere, por el que mi vida se volcaba cada día, estaba engañándome. Era como si esas palabras no tuvieran sentido para mí. Por un lado, mi corazón sabía que mi padre no mentía, ¡pero me estaba comunicando que el amor de mi vida no estaba siendo honesto conmigo! Y le contesté:

—Papi, ¿cómo que me está engañando? ¿De qué estás hablándome? No entiendo lo que me tratas de comunicar. Mi papá me dijo:
—Giada, anoche, tarde, mientras dormía, escuché unos ruidos e inmediatamente me levanté para verificar qué estaba sucediendo.

Mi papa dormía en un cuarto que estaba al lado del cuarto de Salvador en el apartamento que habíamos preparado en la parte de abajo de la casa. Él decidió mudarse con nosotros durante el periodo de tiempo que Salvador estuviese encamado. De verdad que su ayuda fue muy importante y su compañía fue extremadamente oportuna. Continuó diciéndome:

—Cuando me levanté, sorprendí a Salvador, el hombre que cargas para colocarlo diariamente en su silla de ruedas, al que bañas, vistes y alimentas. Lo sorprendí caminando hacia el baño.

Mi respuesta ante esa confesión tan fuerte, fue la siguiente:

—Papi, tiene que ser un error esto que me estás diciendo. Él no puede caminar, él está incapacitado de valerse por sí mismo, esto no puede ser. Disculpa mi incredulidad y mi asombro. No quiero ofenderte, pero no lo puedo creer.

Aunque mi corazón gritaba que sí era cierto, me negaba a creerlo. No podía ser verdad. ¿Hasta dónde podía llegar una persona con su manipulación? Esto no podía estar pasando. Mi papá me dijo en ese momento, al ver mi reacción, que ya no podía estar más en la casa porque era muy difícil este escenario para él. Me dijo:

—Giada, tengo que retirarme porque no creo que pueda aguantar ver cómo él te utiliza y se aprovecha de ti. No puedo.

En ese momento mi papá se fue de la casa, y debo confesar que me sentí abandonada en medio de la nada. Sentí mucho miedo de enfrentar completamente sola lo que me restaba. Mi mamá siempre llegaba a mi casa todas las mañanas sin fallar. Ella también me sostuvo durante todo ese tiempo, y aunque para ella ver todo este panorama no era fácil, muchas veces calló por amor. Sé que sentía un profundo dolor al ver cómo me iba consumiendo día tras día, física, mental y emocionalmente.

Continuaron las terapias de Salvador, y ya en la casa él era mucho más independiente, pero en mi interior esperaba que un día despertara el hombre que se había ido aquel viernes. Se acababan los recursos, se acababan las terapias, se acababan las cirugías, se agotaban poco a poco todos los tratamientos. Ya sin papi, poco a poco estábamos quedándonos más solos. Llena de miedo y desesperanza la fe disminuía a cuentagotas, y mi salud, física y mental, se deterioraban a pasos agigantados.

Notaba que lo que tanto esperaba no llegaba. Salvador tenía un comportamiento completamente diferente al de mi esposo de antes. Y aunque me lo negaba a mí misma, alguien me confirmó lo que mi papá me advirtió.

Ya casi culminando sus terapias físicas en el hospital, su fisiatra, que era el director médico de dicho hospital, un hombre muy brillante, pero con un vocabulario poco usual en un médico, me dijo:

—Ven acá, muchacha, ¿por qué carajos tú traes a tu esposo en silla de ruedas?

Debo confesar que la pregunta me chocó, y me extrañó el tono. Recuerdo que fruncí las cejas y hasta molesta le contesté:

—No entiendo su pregunta.

Él me dijo:

—Lo que pasa es que tu esposo es un hombre joven, saludable, atleta, no fumaba, no consumía alcohol. Él ya puede caminar. Deja de cargarlo ya. Él puede comer por sí mismo, se puede bañar, ya él se puede vestir. Si no dejas de cargarlo, jamás volverá a recuperarse.

Inmediatamente recordé las palabras de mi padre y me percaté de una gran verdad que lastimó mi corazón de una manera muy sorpresiva. ¿Por qué Salvador permitía que siguiera haciéndolo todo por él? ¿Por qué viéndome lo fatigada que ya estaba, seguía fingiendo su incapacidad?

De ese día en adelante comencé a hacer cambios en su rutina, y le colocaba la ropa en la cama para que él caminara hasta el baño. Lo dejaba para que se vistiera solo, lo animé a usar el bastón. Debo confesar que esto lo irritó demasiado. Por momentos se mostraba enojado y en otros momentos era muy tierno. Yo seguía pensando que en algún momento sería el mismo de antes.

Recuerdo que un día, en un momento muy íntimo, me recosté sobre su pecho, y mientras él acariciaba mi cabello, me dijo:

—Tranquila, Giada, ya estoy de vuelta.

Al escuchar esas palabras lloré. Lloré de alegría porque pude sentir de verdad que mi esposo había vuelto de aquel lugar oscuro donde se perdió, de aquella situación tan dura. Al fin regresó. Todo sería como antes. Al fin lo sentí mío, al fin lo sentí a él. Todo sería como antes. Todo caía en su lugar, en su tiempo, todo engranaba. Al menos eso me creí.

DESPEDIDA SÚBITA

Mira, respóndeme, oh Jehová Dios
mío; Alumbra mis ojos, para que
no duerma de muerte. (Salmos 13:3)

A quien pueda interesar:

¿A quién le interesa que de repente siento que mi corazón se acelera a mil y pienso que moriré por un ataque cardiaco? Lloro, mi respiración se acelera y me siento desfallecer. Pero, ¿qué le pasa a mi cuerpo, si hasta hace unos días estaba bien? No comprendo, pero sé que algo pasa, no puedo respirar. Trato de hallar aire y no lo encuentro.

Pero, ¿a quién le importa que me estoy muriendo y que no sé qué le pasa a mi sistema?

Esta reacción no es normal. No logro calmarme, mi cabeza da vueltas y la confusión en ocasiones es tan grande que no logro reconocer dónde estoy. Lloro por el desespero de no saber qué está pasando. Tengo miedo, miedo a morir, miedo al comienzo, miedo; siento que me persiguen, que alguien quiere hacerme daño. Tengo miedo a vivir, miedo al futuro. No logro confiar en nadie, siento que todos me quieren herir. ¿Pero a quién le importa? Si estoy en la calle me siento así, también en la iglesia, en la escuela y mientras conduzco. Pero, ¿a quién le importa? Nadie se percata de que estoy muriendo, que cada minuto que pasa, perezco.

Atentamente,
Giada

Escribí lo anterior en uno de tantos momentos tan oscuros emocionalmente, cuando todavía no le habían puesto nombre a mis síntomas e insistía en la ilusión irreal de que mi vida, mi matrimonio y mi esposo volverían a ser como antes del accidente. Hay que ver cómo el ser humano se niega a manejar sus nuevas realidades, y pretende no ver los giros más obvios de la vida.

¡El tiempo pasa tan rápido! En esos meses visitamos la iglesia, no nos detuvimos por nada. Transcurrió un año y llegó el momento de tomar varias decisiones. Al fin mi vida y todo lo demás continuaría como antes, eso me quería creer, sin ver que estaba completamente equivocada. Mi hijo mayor comenzaría a estudiar su último año de secundaria, todos los demás iniciarían grados diferentes. Hasta la pequeña Rocío ya tenía tres añitos. Yo retomaría mi carrera profesional, y aunque la última escuela donde trabajé eliminó la plaza que yo ocupaba, iniciaría mi carrera en una escuela nueva.

Hicimos el siguiente plan como familia: llevaríamos a Salvador a casa de su mamá para que me esperara allí mientras yo trabajaba. Y comencé a trabajar. Era una situación bien extraña para mí, porque en un inicio de clases normal los sentimientos que experimentaría serían de júbilo y emoción por conocer a mis nuevos estudiantes. Solía adornar el salón de clases y hacer el plan de trabajo del año, entre otras cosas más. Pero en esta ocasión sentía un miedo tan intenso que casi podría decir que era terror.

Todo era diferente: nuevos estudiantes, una situación familiar sumamente difícil, una escuela nueva, compañeros nuevos, una comunidad diferente, una escuela con un proyecto nuevo sumamente abarcador que requería de mucho esfuerzo de mi parte. Pero los días pasaron e iniciamos. La escuela era nueva, estaba especializada en agricultura, conocí nuevos compañeros y una nueva directora. El ambiente era casi mágico.

Experimenté una paz que sobrepasaba todo el entendimiento humano. La vista que persistía en aquel lugar era el de una naturaleza perfecta con todos los colores más hermosos de mi linda tierra. Era un campo rodeado de los contornos hermosos de las montañas adornadas con diferentes tonalidades de verde, árboles con flores de colores. El aire era limpio, fresco y constante. Había un olor a tierra, tierra mojada, tierra fértil y dispuesta, tierra ágil y preparada para ser fertilizada y comenzar a producir.

Era un nuevo comienzo, una oportunidad de volver a vivir. Al fin conocí a los estudiantes, y empecé a realizar el trabajo que tanto amo: enseñar. Esa fue la terapia que me ayudó a sobrellevar la situación tan difícil que tenía en mi hogar.

Pero el daño estaba hecho y comenzó a expresarse. En ocasiones mi mente me jugaba una broma de mal gusto y me quedaba en blanco cuando hablaba con mis alumnos. Era imposible la concentración. Mi mente estaba incontrolable. Era frustrante y mis estudiantes lo notaban, y en ocasiones me ayudaban a recordar por dónde iba la clase.

Cada día que pasaba, mi cuerpo experimentaba emociones intensas. Mientras estaba en la escuela era muy feliz, pero cuando se acercaba la hora de llegar a mi hogar, el dolor en mi pecho aumentaba. Era una montaña rusa de sentimientos. El agotamiento se asomaba a mi puerta cada vez más, pero no me percataba porque estaba sumergida en el mundo y en la aventura que solo el ambiente escolar provoca.

Tenía que recoger a cada uno de mis hijos en sus diferentes escuelas diariamente. Al final recogía a Salvador para regresar a nuestro hogar a realizar las tareas de los chicos de la escuela, luego hacer las tareas del hogar y preparar los alimentos de ese día. Cuando llegaba la noche y me tocaba repasar la clase del próximo día, ya mi mente, completamente agotada, no respondía. Lo único que podía hacer era dormir encima de todos mis libros.

Amanecía, trataba de recordar los medicamentos de mi esposo, sus citas, los compromisos de la escuela, las tareas de los niños, y cada vez más mi cuerpo y mi mente se deterioraban sin darme cuenta. Eran muchos síntomas que gritaban indicándome que algo pasaba en mi cuerpo, que no estaba normal. El cansancio se apoderó de mí, los compromisos eran cada vez más, y los problemas en el hogar se volvían cada vez más complejos.

De crisis en crisis

El comportamiento de mi esposo era cada vez más errático. En ocasiones era violento, y hubo enfrentamientos muy tristes. En una ocasión llegamos de la iglesia una noche, y al bajarse por poco pierde el equilibrio. Mi hijo mayor quiso ayudarlo y no pudo, por poco se cae en el suelo y eso provocó que Salvador lo abofeteara de una manera horrible. Mi hijo mayor lloró, pero se contuvo y no le respondió. Recuerdo que me coloqué en el medio, miré a mi hijo a los ojos y le imploré que subiera y me dejara sola con él. Entiendo que su condición mental no le permitía reconocer lo que estaba pasando. Al estar a solas con él, le pregunté:

—Salvador, ¿qué hiciste, por qué le pegaste a Samuel? Él lo único que quiso fue ayudarte.

Recuerdo que lloró, lloró mucho y me pidió perdón. Mandó a llamar a nuestro hijo y le dije: "Salvador, no es el momento, él debe estar muy molesto. Deja que pasen unos minutos y yo hable con él, y luego hablas tú". Lo miré y las lágrimas salían de mis ojos porque en mi interior me preguntaba cuándo por fin acabaría esta pesadilla. Yo pensaba que ya estaba a punto de que nuestra vida pasada, la que conocía como normal, volviera, pero cada día que pasaba sentía más lejos ese momento. Lo besé, lo ayudé a ponerse cómodo, y subí inmediatamente para buscar a mi hijo mayor.

Cuando hablé con mi hijo, él estaba muy herido y lastimado. Samuel es un joven muy noble, tiene el corazón más bello que un hijo pudiera tener, posee una capacidad de perdonar muy grande, sus sentimientos son hermosos y su madurez es gigantesca. Lo miré a los ojos y lo abracé muy fuerte. Recuerdo que lloró, y le dije:

—Mi vida, quiero explicarte algo, sabes que tu papá en este momento está muy afectado. Su comportamiento no es normal, esto jamás debió pasar, y lamento profundamente que hayas tenido que pasar por esto. Pero es necesario que entiendas que tu padre no actúa de una manera normal, pues su mente está muy contrariada y se le dificulta asumir una conducta como la que tenía antes del accidente. Él quiere hablar contigo para disculparse, te pido que por favor le des la oportunidad de hablar contigo.

Samuel me respondió que no iría porque estaba muy molesto, y que cuando estuviera listo él hablaría con su papá. Fueron momentos de mucho dolor y mucha tensión, pero nunca perdí la esperanza de volver a ver a mi esposo con su mente restaurada. Pensaba que todo lo que estábamos viviendo era temporal, pasajero, que algún día abriría mis ojos y lo vería otra vez como era él: un hombre sumamente jovial, cariñoso, respetuoso, completamente paternal, activo, mi todo, mi amigo, mi compañero de vida, mi amante, mi cómplice.

Miraba sus ojos y no podía encontrarlo. ¿Dónde estás? ¿Por qué estás y a la misma vez no estás? Tu mirada perdida, tu sonrisa y hasta tu voz es ausente. Era demasiada frustración, tanto que en ocasiones lastimaba mi corazón hasta el punto de sentirme muerta, aunque estaba viva. Era un dolor insistente, agonizante, un dolor que cansa, que mata, que tortura como un aguijón día y noche, como torturador cruel, inhumano, inmisericorde, incansable, que te recuerda segundo a segundo el dolor de la pérdida.

Era una pérdida difícil de aceptar, porque su cuerpo estaba frente a mis ojos, pero su esencia estaba ausente. Era una situación difícil de asimilar, aceptar y comprender. Mi mente no entendía nada. Incluso cuando me tocaba explicarle a alguien su condición, ni siquiera encontraba las palabras precisas que pudieran describir con exactitud su condición. Era él, pero diferente. Su comportamiento era como el de un niño gigante. Con necesidades de un hombre, pero reacciones de niño.

Llegó el momento en el que no podía verlo como mi esposo, sino que lo sentía como un hijo al que debía dirigir en todo momento. Y era imposible para mí acercarme a él de otras maneras. Solo podía demostrarle ternura, respeto y amistad. Mi amor se estaba transformando frente a mis ojos y no me daba cuenta. No podía hacer nada. En ese momento comprendí la capacidad de transformación del amor. Su inmensidad, sus formas, sus maneras; el amor... tan fuerte, tan versátil, tan capaz, tan hermoso. Es tan alto que no puedo irme arriba de él, es tan ancho que no puedo salirme de él, tan bajo que no puedo irme fuera de él; el amor tan grande es el amor de Dios.

Siguió transcurriendo el tiempo, los días, los meses. Una tarde, mientras manejaba, cuando llevaba a mis hijos a sus prácticas de baloncesto en un pueblo muy cercano al que vivíamos, comencé a mirar hacia al frente y no podía reconocer el lugar en el que me encontraba. Yo visitaba este lugar dos veces por semana, por lo tanto, conocía muy bien este lugar. El desespero comenzó a apoderarse de mí, el llanto se incrementó, las palpitaciones de mi corazón estaban bien aceleradas, hasta que el dolor en mi pecho hizo que gritara fuertemente:

—¿Dónde estoy? ¿Dónde estoy? ¡No sé dónde estoy, Dios mío!

Mi hijo mayor, con su sabiduría y su madurez, estaba sentado a mi lado, agarró mi mano y me dijo:

—Mami, estaciónate en el paseo al lado de la calle.

Así lo hice, y me dijo:

—Mami, respira y mira a tu alrededor. Esta es la farmacia donde siempre vas a comprar el agua para los nenes, esta es la calle que te lleva a la cancha.

Comenzó a ayudarme a ubicar mi mente, y a que la tensión en mi cuerpo fuera disminuyendo hasta recuperarme y llegar hasta la cancha. Fue en ese momento que entendí que algo extraño, algo que no era mío, algo externo, estaba manifestándose en mi cuerpo hasta el punto de bloquear mi mente, y provocaba que ni siquiera pudiera reconocer dónde estaba. Era algo mucho más intenso que una simple confusión, era algo que me provocaba dolor físico en mi pecho y cortaba mi respiración. Pero, ¿qué era? Jamás había experimentado síntomas como estos. Recuerdo que oré a Dios y le dije:

—Dios, necesito ayuda, creo que estoy enloqueciendo. Por favor, pon en mi camino a alguien, a algún doctor que me pueda ayudar. Dios mío, no tengo dinero para pagar terapias. Dios, ayúdame.

El golpe final

Entonces, algo inesperado, insospechado, impredecible y muy doloroso ocurrió. Este golpe no lo vi venir. Era como el jaque mate en el juego de ajedrez, era como la virazón o la resaca después que ha pasado el huracán. Era como el golpe fatal o mortal en una pelea de boxeo.

Un domingo en la mañana, nos preparábamos para asistir al culto dominical de la iglesia, como de costumbre. Esa mañana tenía a cargo cantar una alabanza en el programa del culto. Bajé a verificar cómo estaba Salvador en sus preparativos y si necesitaba ayuda, y le dije:

—Buenos días, ¿estás listo? Ya casi nos vamos.

La noche anterior habíamos tenido un incidente muy fuerte donde realmente casi tiré la toalla. Con todo lo que estaba sintiendo, los síntomas extraños que veía en mí, las presiones del hogar, el trabajo y los niños, ya no aguantaba más. Recuerdo que esa mañana su rostro no era el mismo. Él estaba muy enojado, su mirada estaba llena de odio, y debo confesar que ya en ocasiones sentía mucho miedo cuando estaba cerca de él. Me cuesta admitirlo, pero así era.

Él comenzó a gritarme muy fuerte, se levantó de su silla de ruedas y comenzó a decirme de una manera muy violenta que se quería ir de la casa. Lo repetía y lo repetía, y mientras escuchaba esas palabras era como si apuñalaran mi corazón hasta hacerlo pedazos. Solo logré preguntarle, "¿Por qué dices eso?". Él me decía que no le gustaba cómo lo estaba tratando y cómo lo estaban tratando sus hijos.

Lo miré, pero cada vez se ponía un poco más violento. Le pedí a los niños, que habían bajado, que por favor fueran hacia la parte de arriba mientras hablaba con su papá. Antes de subir, uno de mis hijos, Esteban, le rogó a su padre que por favor no se fuera, que por favor nos acompañara a la iglesia, pero que no se fuera. Se lo imploró entre lágrimas, pero esos ruegos no fueron suficientes para persuadir a Salvador de aquella horrible decisión. Mis oídos no podían creer lo que estaban escuchando. De verdad que me costaba aceptar aquella decisión, lloraba mientras Salvador completamente transformado gritaba que lo llevara a casa de su mamá. Solo me limitaba a llorar y a llorar. Hasta que agarré valor, lo miré y le dije:

—¿Estás seguro de esta decisión?

Su respuesta fue: "Sí, quiero irme". Le contesté y le repetí en tres ocasiones que si salía de la casa ese día, jamás volvería, porque yo jamás lo hubiese dejado por nada del mundo. A mí no me importaba la condición en la que él estaba en ese momento. La última vez se lo grité:

—¡Si te vas, no regresas! ¿Estás seguro? Creo que yo como esposa hice todo lo que pude y estuvo en mis manos para que tú estuvieras bien. No merezco esto.

Aun así, insistió y tuve que recoger sus cosas. Antes de llegar a la iglesia lo llevé a casa de su mamá. Llegué a la iglesia sin entender lo que había ocurrido esa mañana. Adoré al Señor, pero no entendía nada. "Ahora sí me mataron. De este golpe no me levanto. ¿Y ahora qué?", pensaba. Ahora físicamente él no estaría más en la casa. Pero... ¿cómo pasa todo esto después de haber vivido lo que vivimos como familia?

Mis emociones, mi cuerpo y mis sentimientos se iban deteriorando cada vez más. Sin darme cuenta, los episodios en los cuales me sentía morir se repetían cada vez más seguido, y otro milagro ocurrió en mi vida.

Oportuno socorro

Una conocida me escribió un mensaje donde me indicaba que había sentido la inquietud de enviarme la información de una doctora que yo tenía que llamar. La Dra. Sánchez se convirtió en un rayo de luz y un verdadero milagro que me ayudó en mi valle de sombra y de muerte. Fue esa voz dulce y alentadora que me fue indicando cómo caminar en el valle de oscuridad, donde los sentidos están nublados.

La Dra. Sánchez tenía a su cargo un programa gratuito que ayudaba a las personas diagnosticadas con estrés postraumático, con terapias y orientaciones gratuitas. No dudé en llamar y concertar una cita. Me vieron la semana posterior a todos estos eventos, y de ahí en adelante la Dra. Sánchez fue una aliada muy importante en el proceso de mi recuperación.

Yo pensaba que estaba enloqueciendo porque no sabía que todos esos episodios que estaba experimentando eran ataques de pánico. No sabía que mi cerebro no había procesado ni aceptado todos los eventos traumáticos que había vivido, y gracias a Dios y a la ayuda de la experta en salud mental que Dios puso en mi camino, pude salir del hoyo enorme y oscuro donde había caído sin darme cuenta.

No fue fácil, porque las terapias eran fuertes, agotadoras, pero fueron claves para poner en orden toda la tormenta que estaba en mi cabeza y en mi corazón. Yo me había dedicado en cuerpo, alma y corazón a la recuperación de mi esposo y me había olvidado de mí. Por lo tanto, el cuerpo tenía que reaccionar de alguna manera para llamar mi atención y hacer que yo buscara ayuda. En ese tiempo todos estábamos en manos de expertos que nos ayudaron a salir a flote. Por eso hoy los bendigo y doy gloria a Dios por ellos.

QUISIERA VOLVER A SER HERMOSA

Sanaré tus heridas. (Jeremías 30:17)

Los días de mis terapias se convirtieron para mí en un remedio que arde y duele, pero que va sanando las heridas poco a poco. Fue una temporada agridulce, de subidas y bajadas, de inestabilidad total. Fue todo muy impredecible, era como estar sumergida en el hermoso mar; el agua salada me llevaba y me estremecía hacia adelante y hacia atrás. Estaba en el vaivén de las olas.

Estacionaba mi guagua y me transportaba en tren hacia el lugar de mi esperanza. Mientras mi viaje transcurría, escuchaba las grabaciones de las terapias, pues eso era parte de mi tratamiento. Observaba a la gente, sus rostros, su comportamiento, les sonreía, aunque por dentro mi ser lloraba.

Debo confesar que cada día que debía ir, sentía una mezcla de sentimientos, y en ocasiones me costaba asistir. Pero nunca perdí la comunicación con mi doctora. Las terapias eran bien intensas porque me llevaban una y otra vez de regreso al momento que me causó tanto dolor. Había veces que me dolía la cabeza, el cuerpo y el corazón. Había ocasiones que me miraba en un espejo y no podía reconocer a la mujer que estaba mirando. Hubo tiempos donde ya no sentía nada y eso me asustaba. Pensé que me estaba perdiendo en una inmensidad desconocida y temí no encontrarme jamás.

A veces me tiraba en el suelo y sentía como si mi cuerpo se fragmentara y no hubiera un momento donde esos pedazos volvieran a unirse otra vez. Me miraba y pensaba: ¿Quién eres? ¿Cómo llegaste a esto? ¿Qué quieres? ¿Lo amas? ¿Te amas tú? ¿Eres capaz de amar a los que te rodean? Otra voz gritaba en mi cabeza: "¡No podrás levantarte jamás! ¿Y si lo que hasta ahora habías conocido como normal jamás lo fue?".

Yo me preguntaba: ¿Cómo es posible que con esta edad tenga una crisis de identidad? ¿Es eso posible? Yo quería que alguien me hablara y me dijera qué iba a pasar con mi vida, si algún día iba a sentir otra vez. Era como si mi piel estuviera muerta, era como si mi ser se volviera frío, calculador. Me aterraba que de verdad estuviera muerta, pero viva; ausente, pero presente.

En una ocasión, después de una terapia intensa, llegué a casa de mi madre, una mujer que estuvo a mi lado incondicionalmente, que nunca se movió de mi lado. Cuando me fui a despedir hablamos de Salvador y me comentó: "Yo creo que tú hasta te alegraste de que él se fuera". La miré y le dije: "¿En verdad piensas eso?".

Recuerdo que me derrumbé en sus brazos y lloré muchísimo. Luego le dije: "No sé qué te hace pensar eso, pero la verdad es que perdí doblemente al hombre a quien amo: al padre de mis hijos y a mi esposo; eso jamás alegrará mi corazón. Si no me ves llorando, es que no me gusta hacerlo frente a la gente".

En esos momentos estaba acompañada por amigos, mis padres, mis hermanos, hermanos en la fe, pero no era suficiente porque me sentía sola. Completamente sola. Nadie me decía lo que yo quería escuchar. Ni la doctora, ni mi pastor, ni mis amigos, nadie. Nadie decía palabras que lograran calmar mi dolor, ninguna palabra saciaba mi necesidad de saber qué será de mí y de mis hijos. Dios no me hablaba, no me decía nada. Yo corría de un lado para el otro buscando aliviar este vacío indescriptible que llevaba en el alma. Trataba de explicar por qué cargaba con un temor y una culpa agobiante y asfixiante que me iba consumiendo día a día. Iba a la iglesia y no encontraba alivio.

A pesar de todo esto que estaba sintiendo, sabía en mi interior que estaba en el lugar correcto, rodeada por las personas correctas, y que pronto recibiría en algún momento alivio a mi carga. Era inexplicable.

Un paso a la vez

El tiempo pasó muy rápido, ya casi estaba terminando mis terapias, y me tocaba despedirme de unas de las personas más importantes, de esa mano amiga que representaba una esperanza: era mi doctora, pero ya me tocaba soltarla y seguir caminando sola. Ella me fue preparando para ese momento, me brindó herramientas para toda la vida y ya mi mente estaba más clara. Ya sabía qué decisiones debía tomar; ya la culpa, el dolor y los recuerdos no me lastimaban con la misma intensidad, por lo tanto, era un tiempo donde debía ordenar todo.

Comencé a desechar de mi casa recuerdos antiguos, cosas que no me pertenecían. Empecé a despojarme poco a poco del peso de mi pasado. Ya estaba más fuerte, estaba más preparada. Decidí divorciarme porque entendí que mi relación estaba irremediablemente rota, y comencé los trámites. Fue la decisión más difícil de mi vida. Fue una mezcla de sentimientos, pero estaba segura de que era lo mejor y lo más saludable para ambos.

Iniciamos otro año escolar. En esta ocasión estaba mucho más fuerte, estaba alegre, feliz, completamente entusiasmada con el nuevo año escolar. Mis hijos estaban en nuevas escuelas, ya tenía un universitario en la casa, así que todo transcurrió diferente. Ese año había muchos planes en mi mente. Recuerdo que en una ocasión una de mis tías favoritas, que ya está en el cielo junto al Señor, me escribió y me dijo lo hermosa que ella me veía, y le contesté: "Gracias, tía, de verdad quisiera volver a ser hermosa otra vez".

Esa frase se metió bien adentro en mi corazón porque yo estaba batallando con unas palabras que me dijo Salvador en una ocasión, y que marcaron mi vida y me hicieron un daño muy grande. Me dijo que nadie se fijaría en mí otra vez, porque tenía cinco hijos y siempre estaría sola, como mi madre y mis tías. Aunque estas palabras parecen ser ligeras e inofensivas, debo confesar que marcaron mi vida en un nivel tan profundo que las creí. Las hice parte de mí como una verdad absoluta. Pensé que nadie jamás me miraría como mujer otra vez. Pensé que la soledad acabaría con mi vida y no tendría la capacidad de disfrutar otra vez. Pensé que estaba acabada, que jamás disfrutaría de la compañía de alguien, y fue entonces cuando la rebeldía hizo acto de presencia.

Me rebelé contra Dios porque no podía entender por qué si yo le servía y lo amaba y había dedicado mi vida por completo a Él, estaba pasando por todos esos procesos. Pensaba que no merecía todo lo que estaba viviendo. En mis oraciones hablaba con Dios, y de la manera más honesta agradecía por sus cuidados y sus bendiciones, pero también le expresaba mi molestia y mi inconformidad por todo lo que estaba viviendo. "¿Por qué me castigas de esta forma?", le decía. No entendía para nada la voluntad de Dios. No me quedaba claro su propósito en mi vida.

La arremetida de los vientos fuertes

Llegó el mes de septiembre y hubo aviso de huracán. Un huracán que destruyó, un huracán que arrancó, que quebró y que nos cambió la vida.

Este fue uno de los momentos más difíciles que me tocó enfrentar sola con mis hijos en mi hogar. Ese año hubo un primer aviso de huracán para mi isla; era un huracán enorme que amenazaba con destruir toda mi tierra. Afortunadamente se movió y no nos hizo daño. Pero unos días después, una segunda amenaza se hizo presente, y esta vez mi corazón estaba muy inquieto porque podía sentir que en esta ocasión no nos libraríamos de este fenómeno con forma de monstruo.

Fue muy dañino, destructor, implacable, inmisericorde. Acabó con toda la naturaleza linda de los campos de mi isla, destruyó todo lo que tocó, parecía como si de su gran boca saliera fuego. Un fuego que pulverizó el suelo, las casas y los árboles, que cambió el verdor por una oscuridad desoladora. Un fuego que arropó la ciudad, que se llevó los sueños de toda una vida, que mató lo más preciado: la vida misma de mucha de mi gente. Un monstruo que quiso quebrantar la fe y la esperanza de un pueblo entero, quitándole lo que conocíamos como nuestro. Aun cierro mis ojos y puedo escuchar su voz.

Antes de acabar con todo, lo anunciaba con sus silbidos de mortandad. Su fuerza era tal que nos hacía ver nuestra fragilidad frente a él. No tuvo piedad, no se detuvo ante los ruegos de aquellos mortales que imploraban que se detuviera ya. Las horas fueron interminables. El ruido de muerte parecía que no acabaría. Recuerdo que mis niños y yo estábamos todos juntos en una habitación preparados para refugiarnos en el baño si era necesario, ya que era el único lugar que no tenía ventanas. Ellos lloraban de terror, yo también lloré, y le rogué al Padre Celestial que tuviera misericordia de nosotros.

La destrucción se detuvo. Al fin pudimos dormir un poco. Les indiqué a los niños que no saldríamos porque las calles estaban destruidas y era muy peligroso, así que nos preparábamos para enfrentar la vida sin los servicios básicos de agua, ni luz; comiendo alimentos que teníamos guardados para casos como estos. Al día siguiente salí al patio y pude hablar con varios vecinos, cada uno verificaba que estuviéramos bien. Las casas de la calle donde vivíamos no habían sufrido mucho porque eran casas de cemento, y solo había cortinas, cisternas y mucha basura acumulada. Gracias a Dios los vecinos estaban bien.

Los teléfonos no servían, las calles estaban obstruidas, ya habían pasado como tres días y necesitaba saber de mis padres y de mi hermano. Me animé a salir, y cuando comencé a caminar fue una de las experiencias más difíciles que enfrenté. No podía contener mis lágrimas ante tanta destrucción. Ya no existía el verdor de las montañas, ya los árboles no tenían hojas, ni ramas, el azul hermoso del mar había desaparecido, y en su lugar había un gris espantoso. Las aguas cristalinas de los ríos también se habían extinguido, en fin, todo había cambiado. Llegué hasta la casa de mi madre y afortunadamente estaba bien, al igual que toda mi familia.

En solo horas toda nuestra vida y la de mi país cambió. El desespero se comenzó a hacer presente. Las personas comenzaron a irse de la isla. Yo tuve que comenzar a trabajar en la escuela donde estaba asignada. Mi lugar de trabajo había sido ocupado por el municipio y recibiría todas las ayudas de ese pueblo, lo que significaba que íbamos a estar involucrados en la recuperación y en la distribución de la ayuda que necesitaban las personas. Tanto mis hijos como yo nos involucramos en dicha actividad, lo que nos ayudó en gran manera a sanar y a procesar todo este evento que nos tocó vivir.

Los días siguieron pasando, seguimos trabajando, y cuando llegábamos a la casa nos sentábamos en la acera de la calle a conversar con nuestros vecinos. Los niños jugaban en la calle con los otros vecinos y comenzamos a compartir alimentos. Una vecina a quien quiero mucho me traía agua todos los días para que no tuviera que salir con mis niños a los lugares designados por el municipio para suplir las necesidades del agua. Hasta en esos detalles Dios se glorificó. Nunca me faltó nada. Dios siempre tuvo misericordia de nosotros y nos suplió hasta el día de hoy.

Ya que no había luz, salíamos a la calle a conversar, y esa estampa se repetía en toda mi bella isla. Aprendimos a lavar la ropa a mano, a alumbrarnos con velas, aprendimos a ser humanos otra vez, a mirarnos a los ojos, a conocer a los vecinos, a nuestros hijos. Había tiempo para hablar, para reírnos. Llegué a ir al rio a lavar la ropa, terminamos todos mojados, y lo disfrutamos. Así estuvimos varios meses en nuestra casa, porque todavía hay lugares en mi país donde no tienen los servicios básicos. Aprendimos a apreciar las cosas sencillas de la naturaleza. Dice un dicho muy popular que nadie sabe lo que tiene hasta que lo pierde. Cuando nos faltó la sombra de ese viejo árbol y los colores de la naturaleza, fue entonces que aprendimos la importancia de su existencia.

Pasaron varios meses y poco a poco comenzó a llegar el agua, luego la luz, y gradualmente se comenzó a normalizar todo a nuestro alrededor. Llegó diciembre y la verdad es que fueron unas navidades un tanto tristes, pero estábamos agradecidos porque al menos teníamos vida.

Renovada por el perdón de Dios

De pronto algo comenzó a despertar en mí: había un poco de rebeldía en mi interior. Era un deseo por descubrir nuevas cosas, nuevas sensaciones, y poco a poco esos deseos se fueron apoderando de mí. Decidí comenzar a salir con amigos, a tratar de experimentar lo que es arreglarte para conocer a personas por primera vez. Recuerdo que esas sensaciones eran tan intensas que cada vez más se hacían una necesidad en mí. Eran una necesidad porque cuando las palabras bonitas se ausentan, creces con un gran hueco en el alma que solo provoca buscar aceptación dondequiera que vas.

Ese hueco se hace grande en momentos difíciles; ese hueco te traga, te sumerge, te ahoga y te quita tu esencia, tu valía y tus fuerzas. Te arropa a tal punto que piensas que eres la más espantosa creación. Y como si ese hueco fuera poco, llegaron a mis oídos las palabras más crueles que una mujer pudiera escuchar: "Nadie jamás te mirará con tus cinco hijos, te quedarás sola como tu mamá y tus tías". Esas palabras que ya te mencioné, tuvieron el efecto de hundirme más profundamente en aquel hueco frío, cruel, sucio, falso y abrasador.

Comencé a alejarme un poco de la iglesia. Solo iba los domingos y comencé a experimentar con el alcohol ocasionalmente. Conocí personas, algunas pasajeras, otras todavía siguen en mi vida. Estaba muy asustada porque nunca había vivido esta etapa. Yo me casé tan joven que nunca había experimentado esto. Nunca olvidé mi responsabilidad como madre, y el temor de Dios jamás se apartó de mí. Este tiempo de experimentar sensaciones nuevas duró poco.

Aunque fue una temporada corta, aquellas sensaciones se metieron en mi alma para siempre. Experimenté estar rodeada por unos brazos toscos, gusté el sabor de otros labios, me perdí en la mirada de aquellos ojos color café y de pestañas rizadas, volví a escuchar la música de palabras dulces que me fueron revitalizando y añadiendo sentido a la vida. Comencé a sentirme viva otra vez. Se cayó aquella venda que estaba en mis ojos que me convencía de que nadie me miraría. Aquellas palabras habían sido lanzadas como saetas para destruir mi corazón, mi identidad como mujer, y lamentablemente las creí por mucho tiempo.

Esas palabras salieron de los labios de un hombre que vivió conmigo por veinte años. Palabras que él sabía que me lastimarían de una manera brutal y cruel. Fue ahí que le pedí a Dios que me hiciera bonita otra vez. Recuerdo que subí a una red social una foto donde tenía mi cabello suelto, y una tía que amo y que partió con el Señor en este tiempo me comentó lo bonita que me veía. De ahí nació mi oración de que Dios me hiciera bonita otra vez; fue entonces que comencé a sentir otra vez el latido de la vida en mi piel.

Mi físico cambió, se fueron de mi cuerpo algunas libras y se añadieron a mi piel nuevos colores que dejarían huellas perpetuas de mis ganas de vivir. Era como si naciera una mujer más fuerte, con una mente ampliada, con una ausencia de prejuicios que liberaba mi alma. Me perdoné, perdoné a la vida, perdoné a mi esposo y perdoné a Dios. Sí, a Dios. Él me pidió perdón. No tenía que hacerlo, pero lo hizo. Una mañana mientras conducía, estaba escuchando una emisora de radio y la persona que estaba hablando dijo:

—Hay alguien que necesita escuchar que Dios le pide perdón por provocar la situación difícil que está viviendo y que aún no entiende por qué pasó. Hoy Dios te pide perdón por lo que aún no entiendes.

Debo decir que inmediatamente surgió una reconciliación automática con el que ama mi alma. Le dije llorando:

—Dios, Tú nada me debes, no tenías que pedirme perdón. Hoy soy yo la que pide perdón por culparte de una situación de la que nadie tiene culpa, pues los accidentes son eso, accidentes. Nadie los provoca. Nadie.

Desde ese día se reanudó mi oración con el Caballero de la Cruz.

La transformación que experimenté fue maravillosa. La disfruté de principio a fin. La sensación de libertad que estaba en mi interior era tan fuerte que casi sentía que podía volar. Me miraba y me gustaba la imagen que veía frente al espejo. Acepté inmediatamente a la mujer que había salido de su crisálida. Miraba mis alas y me maravillaba por sus colores tan intensos. Escuchaba el sonido del aleteo y me inspiraba, ya quería irme. Irme lejos. Mirar otros paisajes. Sé que allá afuera hay un mundo desconocido para mí que debo ver, palpar, saborear. Un lugar lleno de esperanza, repleto de un aire fresco, nuevas metas, nuevos sueños; un lugar mío. Lo sé, mi alma me lo dice, mi corazón lo grita.

VOLAR ALTO

Pero los que esperan a Jehová tendrán nuevas fuerzas; levantarán alas como las águilas; correrán, y no se cansarán; caminarán, y no se fatigarán. (Isaías 40:31)

Llegó el tiempo de emprender el vuelo. Estaba llena de vida, de colores, completamente inspirada y con ganas de comerme el mundo. Llegó el tiempo de probar si mis alas funcionaban. ¿Cómo las manejo? ¿Sabré usarlas? ¿Lo lograré sola? Estaba aterrada, llena de expectación, pues, aunque soy libre, no sabía cómo usar mis alas.

¿Qué hago con tantas ganas de vivir? ¿Por dónde empiezo? Yo sabía en mi interior que el lugar donde había habitado por los pasados catorce años ya no era mío, ya no me pertenecía, ya no me hallaba en él, me asfixiaba; sentía que me ahogaban los recuerdos. Cada cuarto, cada pared me hablaban de mi vida pasada. Por lo tanto, ya veía mi casa como extraña, ya no era mi lugar. Tenía que descubrir cuál sería mi nuevo hogar, cuál sería mi nuevo propósito en la vida.

Comenzaron rumores de inestabilidad en mi trabajo, empezaron a aprobar leyes que me afectaban directamente en el ámbito laboral. Yo tenía dos trabajos para mantener a mis hijos. Trabajaba en la escuela diurna y en la nocturna, casi no veía a mis hijos. Eso me preocupaba más que todas las cosas y sabía que no quería esa vida. Mis hijos ocupan uno de los primeros lugares en mi lista de prioridades, por lo tanto, ya me incomodaba tener dos trabajos, aunque con uno no los podía sostener. Así que dije muy dentro de mí: "Tendré que comenzar a considerar irme del país que tanto amo para buscar un lugar mejor". Mi hermana residía en los Estados Unidos hacía unos años y me dijo que si quería probar en el lugar donde ella vivía, las puertas de su hogar estaban abiertas para mí.

Aprobaron la ley de la reforma educativa, que a mi parecer acabaría con el Departamento de Educación y con mi estabilidad, y dije: "Ya es el momento, me tengo que ir antes de que me quede sin trabajo". Llamé a mi hermana, y la misma noche que aprobaron la ley saqué los pasajes para visitarla. Quería ver el lugar, saber cómo era el ambiente, las escuelas, las oportunidades de empleo, antes de tomar una decisión. Y me dije:

—Si consigo apartamento o trabajo, me mudo definitivamente, y abandonaré por completo mi vida pasada.

Cuando se lo conté a mi hermana, ella comenzó a gritar de felicidad. Y despúes que compré los pasajes recuerdo que mis nervios me arropaban y dije:

—¿Qué hice? Iré sola a un lugar que nunca había visitado. Pero ya compré los pasajes, ni modo, iré.

Me vestí de valor y coraje, tomé aquel avión que iba hacia un rumbo desconocido para mí. Yo cargaba una maleta que contenía, aparte de mis pertenencias, todos mis sueños, ilusiones, miedos y esperanzas. También mis ganas de vivir, de descansar, de sentir alivio, paz, quietud y calma. Mi maleta estaba repleta, llevaba mis ganas de experimentar paz, alivio a mi dolor; también contenía mis anhelos de encontrar respuestas honestas y certeras de las razones por las cuales había vivido tanto dolor.

Así que llegué a este inmenso país, e inmediatamente que salí de aquel aeropuerto, recibí el impacto del cambio en mi rostro. Aquel frío congelante, paralizante, se metió por mis huesos y de inmediato comencé a tiritar. El olor y el viento eran distintos. Mi olfato estaba acostumbrado al olor a mar, al olor a tierra mojada del campo, pero este olor era totalmente diferente. El sonido era el de una ciudad llena de personas y carros. No había colores brillantes, todos los edificios parecían iguales, las casas eran iguales, el color que predominaba era el gris y el blanco, no había azul de mar, ni había rojo de flamboyán, pero, aunque era diferente, me gustaba.

Emprendimos el viaje hacia la casa de mi hermana. Nos tardamos aproximadamente dos horas en llegar, hasta que por fin llegamos a la ciudad que luego se convertiría en mi nuevo hogar. Ciudad que me recibió, me acogió y que de inmediato me enamoró. Fue amor a primera vista. Era pequeña, parecía una comunidad antigua, los edificios tenían una arquitectura y un diseño medieval. Había árboles, las flores abundaban y las personas eran muy amigables.

Me recibió mi sobrina, ¡que había crecido mucho! La última vez que la vi era una niña. Ahora era una señorita hermosa, con los ojos más encantadores que haya visto y una sonrisa impresionante. ¿Cuándo creciste tanto, hermosa? Lloré, la abracé y le dije: "Vámonos rápido que este frío me va a matar". Subimos al apartamento de mi hermana. Aquel olor particular del edificio se metió en mi ser y jamás lo olvidaré. La oscuridad de aquel pasillo me impresionó.

Entré al apartamento, me senté en la cama y comencé a hablar con mi sobrina, a ponernos al día de todo lo que había acontecido en los últimos meses. Luego le dije: "¿Sabes qué? ¡Vístete y abrígate que nos vamos a caminar por la ciudad!". Mi hermana vivía literalmente en el corazón de la ciudad. Por lo tanto, estaban cerca la estación de policía y de los bomberos. Había un parque fascinante, lleno de colores y un puente impresionante en el centro. Era hermoso.

Comenzamos a caminar y no salía de mi asombro por la forma de los edificios y la estructura de las carreteras. Nos sentamos en el parque que está cerca del apartamento y comenzamos a tomarnos fotos. La escuchaba hablar de sus amigos, de la escuela. Incluso me presentó a algunas de sus amigas que casualmente nos encontramos en el parque.

Cuando llegó la tarde me reencontré con mi hermana, que no había visto hacía dos años aproximadamente, y también estaba pasando por un momento muy difícil. Cuando me vio corrimos para abrazarnos fuertemente y lloramos abrazadas por unos segundos. Nos miramos y no podía creer que la estuviera viendo otra vez. Estaba tan linda como siempre.

Ese fin de semana fue extraordinario. Salimos, hablamos por horas, nos pusimos al día de todo lo que nos había pasado. Tratamos de recuperar el tiempo que habíamos pasado alejadas. Le conté mis planes. Ella me apoyó incondicionalmente. Mi hermana es una mujer muy valiosa. Es fuerte, pero delicada, es inteligente y humilde; ella es menor que yo por varios años. Nuestra relación siempre fue muy buena, pero se fortaleció aún más cuando tomé la decisión de mudarme con ella.

Yo había hablado con Dios y le había dicho que si era Su voluntad que me estableciera en este país, debía cumplirse una de las señales que le pedí. Debía encontrar empleo en esa semana o debía encontrar un apartamento. Una de las dos.

Resulta que yo llegué un viernes y ya el lunes tenía trabajo como maestra sustituta en esa ciudad. Por lo tanto, comprendí que era la voluntad de Dios que me movilizara y me estableciera en esta ciudad.

Hablé con mi hermana, le dije que regresaría para preparar todo y establecerme acá. Recuerdo que era el mes de abril y realmente yo estaba sintiendo emociones encontradas, había un miedo enorme y a la vez emoción porque sentía la esperanza de empezar de nuevo.

Mi madre no estaba de acuerdo con mi decisión, mi padre siempre me apoyó y mi familia también. Mi madre y mi padre son personas con posturas completamente diferentes. Ella es una mujer muy conservadora y mi padre es un hombre con la mente un poco más abierta. Mi madre sentía un miedo que la ahogaba, y estaba muy triste por mi decisión. Tristeza que manifestó llena de frustración en una discusión que tuvimos, donde casi pierde el control.

Recuerdo que llorando le dije: "Mami, si no me voy lejos, siento que los recuerdos me matarán; necesito alejarme por un tiempo. Te amo con mi vida, pero tengo que partir". Ella me miró, y con los ojos llenos de lágrimas me respondió que lo había entendido y que estaría orando por mí.

Comencé a tramitar todo lo necesario para irme, y realmente todas las gestiones que hacía eran favorables para mí con respecto a mi trabajo, la casa y los nenes. Todo se acomodaba para que yo me fuera. Toda la gloria es de Dios. Tuve el tiempo para despedirme de amigos, familiares, hermanos de la iglesia donde me congregaba los domingos y, por supuesto, para despedirme de mi inmenso mar.

Sí, de esos lugares que se convirtieron en refugios, de esos lugares que me vieron llorar sin consuelo. De ese mar que me abrazaba en mis momentos duros, que me arropaba con sus cálidas olas, que me estremecía con su fuerza, que me regalaba caracoles para hacerme sonreír y que calmaba mi ansiedad con su olor a salitre tan perfecto. Sí, de él me despedí, le dije: "Hasta luego, siempre te amaré porque eres parte de mí. Te llevo en mi piel perpetuamente".

Nuevos rumbos, nueva vida

Por fin llegó el día de mi partida. Mi madre, mi hermano y mi cuñada fueron hasta mi hogar. Mi madre abrazó a mis hijos, y luego me abrazó llorando y me dio su bendición. Eso era algo demasiado importante para mí y gracias a Dios ocurrió. Sentí en ese momento que ella aceptaba mi partida en paz, y aunque su corazón sufría, me dejaba ir confiada en Dios. Y nos fuimos, con su bendición y la de mi papá.

Llegamos al lugar de mi reposo, al lugar de los pastos delicados donde Él nos hace descansar, tal como dice mi amado Señor en el Salmo 23. Llegamos al lugar de nuestra esperanza.

Era de mañana, mi hermana nos esperaba con mi sobrina. Mis niños estaban muy emocionados, abrazaron a su prima y a su tía. Nos acomodamos y emprendimos el viaje de dos horas. Ellos miraban con asombro el paisaje, se maravillaban con lo que veían. No paraban de hablar. Se veían felices, sus caritas reflejaban luz. Había puentes enormes, casas, edificios y grandes lagos.

Cuando llegamos al apartamento, al principio fue difícil para todos porque nunca habíamos vivido en una casa ajena. Siempre habíamos tenido nuestro espacio, y esa convivencia fue difícil. Había once personas en un apartamento de un solo cuarto. Estábamos completamente hacinados. Esos días fueron muy duros. Un lugar extraño, un clima frío y devastador, un idioma con el que estábamos relacionados, pero no dominábamos. Fue un reto muy grande.

Comencé a trabajar. Dios siempre ha sido nuestro proveedor y nunca nos ha faltado nada. Encontramos un lugar donde mis niños podían jugar el deporte que tanto aman, el baloncesto.

Ya solo nos tocaba encontrar un lugar donde congregarnos.

Nunca lejos de la iglesia del Señor

Una tarde, en el edificio donde vivíamos, llegaron unos pastores obsequiando bultos con materiales escolares, y mi hermana se llevó a los nenes para que recibieran esta bendición. Entonces, algo inesperado sucedió. La pastora era una mujer con un tono de voz muy alto, tenía el cabello rojo carmesí, y utilizaba unos pantalones mahones y una camiseta, vestimenta que llamó la atención de mi hermana. La pastora observó a mi hermana y oró por ella.

Mi hermana quedó impactada por aquella oración y por las palabras de aliento que recibió de parte de Dios por medio de la pastora. Cuando subió, me lo contó sorprendida por esa experiencia; y lo que a ella le estremeció fue su apariencia. A mí me invitó a asistir el próximo domingo. Le dije: "¿Sabes? El próximo domingo los visitaré". Así lo hice. Cuando entré por primera vez quedé tan impactada que me establecí en aquella iglesia. Sin hacer preguntas, sin investigar, sin pedir dirección.

Dios comenzó a trabajar con mi interior. Comenzó a sanar mi corazón. Poco a poco, con amor, paciencia y persistencia, Dios me fue mostrando cada área lastimada, me permitió tener el tiempo suficiente para intimar con el Espíritu Santo de manera que cada área destruida fuera reconstruyéndose. El proceso fue duro, pues cuando te están sanando una herida los bálsamos suelen doler un poco, pero el resultado es maravilloso, pues las heridas se cierran, sanan.

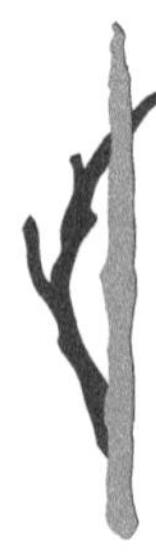

COMENCÉ A SENTIR A DIOS EN MI VIDA DE UNA FORMA SOBRENATURAL.

Aquella pastora nunca se rindió conmigo. Iba a mi apartamento en ocasiones sin avisar y oraba por mí. Se mostró como una mentora, y me recordó los fundamentos para crecer en el Señor. Al principio no entendía y me sentía extraña, pues ese tipo de relación nunca la había tenido antes en todos los años que llevo en el evangelio. Pero ella fue una pieza clave en mi proceso de sanación.

En un mes, aproximadamente, ya teníamos un apartamento para nosotros, nuestro propio espacio. Ya nos tocaba estar solos en nuestro lugar, en nuestra intimidad. Me entregaron las llaves de nuestro apartamento. Estaba localizado en el mismo edificio que el de mi hermana, justamente debajo del de ella. Debo confesar que estuve varias semanas sin poder mudarme. Suena gracioso, pero el miedo volvió a hacer acto de presencia y no podía mudarme. El miedo me paralizaba, me inutilizaba.

Mi hermana nunca me presionó para que me fuera, pero estaba extrañada de que no habilitara el apartamento. Me notaba extraña. Luego que pasaron varios días me animé a bajar poco a poco nuestras cosas. Me regalaron una cama, luego un juego de comedor, y poco a poco me iba sintiendo más cómoda con la idea de que ya me tocaba volar sola en este nuevo país.

Fueron pasando los días, mis hijos se acoplaban a sus nuevas escuelas, mi hijo mayor ya estaba trabajando, empezamos a hacer nuevos amigos y nos sentíamos parte de esta gran comunidad. Todo se fue normalizando. Ya podíamos respirar paz. La culpa y el dolor fueron desalojando poco a poco. Mi cuerpo sentía cada vez más fortaleza y las aguas de reposo iban inundando mi alma progresivamente. Los pastos frescos y delicados fueron alimentando todo mi ser hasta hacerme sentir más fuerte cada vez.

Fuimos pastoreados con amor. Aparecieron manos amigas que de manera desinteresada nos abrazaron, nos brindaron ese calor y ese apoyo que todos necesitábamos en ese momento. Definitivamente Dios nos colocó en un lugar donde había delicados pastos que consumimos, y nos brindó la fuerza necesaria para seguir hacia adelante.

Un café con mi Amado

Comencé a trabajar con las damas de la iglesia, entre altas y bajas. Esas experiencias las anhelaba por años, y a Dios le plació concedérmelas. No conocía a ninguna de las mujeres de aquella congregación. Aunque tenía muchas ideas que quería realizar, no sabía cuáles eran sus necesidades, y eso para mí era muy importante. Como maestra, sé que si no conoces las personas con las cuales trabajas, comienzas a dar palos a ciegas y pierdes tu tiempo porque tu trabajo no es efectivo.

Empecé a preguntarle al Señor qué quería Él que yo hiciera, y le dije que me diera estrategias para llegar al corazón de aquellas damas. Por años había permanecido en la iglesia anterior sentada y sin confraternizar con nadie, pues pensaba que de esa manera protegía mi corazón de ser dañado. Ahora tenía que acercarme a mujeres que no conocía, tenía que derribar ese argumento en mi mente y no era fácil para mí, pues tenía que involucrarme.

Esto implicaba que me iba a exponer, y aunque quería hacer la perfecta voluntad de Dios, tenía mucho miedo. Fue entonces que Dios puso en mi corazón una estrategia que involucraba el café, bebida que amo desde niña, pues mis abuelos eran cultivadores de café en un pueblo del centro de mi País. Debo decir que esa bebida la llevo bien marcada en mi corazón y en mi piel.

El café huele a Puerto Rico. Es una bebida que envuelve todos tus sentidos, posee un aroma cautivador y se caracteriza porque anuncia desde lejos su llegada. Puede ser dulce, liviano, cargado, amargo, puedes combinarlo con leche; pero no importa cómo lo prepares, siempre el efecto es el mismo. El café invita a hablar, a mirarse a los ojos, a disfrutarse, a relajarse, a reír. No importa la hora, el efecto es el mismo. Solo persigue la oportunidad de amar.

El Señor me regaló la estrategia de reunir a las damas un sábado en la parte superior de la iglesia. Compartimos café, una cremita, y otros alimentos, antes de cada palabra que Dios nos daba esa mañana. El primer encuentro fue muy lindo, Dios trató con cada una de nosotras y salimos edificadas esa mañana. Y fue así como nació *Un café con mi Amado*. El nombre me lo regaló Jesús cuando trajo a mi memoria que cada mañana, cuando los niños se iban a la escuela y me quedaba sola, invitaba a Jesús a sentarse conmigo en la mesa y compartíamos un café.

De esos encuentros he vivido las más grandes y profundas experiencias. De ahí el nombre. Lo planificamos uno cada mes, y por diferentes circunstancias solo llegamos a realizar tres encuentros, y todos los recuerdo como si hubiesen sido ayer. Cada detalle, cada experiencia vivida fue muy especial para mí. Uno que marcó mi vida para siempre sucedió en noviembre, y las instrucciones que me dio el Señor fueron las siguientes: esa mañana no habría charla, no habría predicación. Esa mañana íbamos a traer algo hecho con nuestras manos. Debíamos preparar algún artículo, algún alimento, lo que el Señor pusiera en nuestro corazón, para luego orar y hablar un poco sobre el ministerio del servicio en las calles. Luego saldríamos todas juntas por las calles de aquella hermosa ciudad a regalar a esas personas sin hogar aquellos presentes que con todo nuestro cariño habíamos preparado.

El resultado de la actividad fue extraordinario. Caminábamos todas juntas unánimes cantando himnos y alabanzas por todas las calles. Había una presencia de Dios tan sobrenatural que las personas se acercaban y pedían oración. Recuerdo a un hombre que lloraba porque él no quería nada de lo que teníamos, solo quería la oración porque tenía un diagnóstico de cáncer terminal y solo le quedaban días de vida.

Entramos a una comunidad donde las voces se escuchaban tan perfectas, tan hermosas, que las personas salían de los apartamentos pidiendo la oración. Ese día entendí algo sobre la unidad entre las damas: las barreras que nos distanciaban se habían roto. Cuando regresamos de las calles las damas no se querían ir. Todas ellas contaban su experiencia y lo que más les había impactado. Lloraban de alegría, satisfacción y asombro. Fue una bendición tan linda que me asombraba.

De ese día en adelante fue como un despertar en aquellas mujeres. Ministerios que estaban dormidos, despertaron; comenzaron diferentes iniciativas, se sentía un gran entusiasmo, fue como un avivamiento del Espíritu Santo. Queríamos seguir trabajando para el Reino de Dios.

Finalizó el año. Los planes de los pastores era que siguiera trabajando con las damas junto a otra mujer maravillosa. Teníamos varios planes y recuerdo que lo primero que planificamos fue una campaña gloriosa que se llevó a cabo. Pero llegó un tiempo que nadie contaba que iba a llegar.

El enemigo que nos encerró

Llegó de repente un tiempo muy duro, donde un gigante incircunciso se nos paró de frente a vociferar muerte. Un gigante nos intimidaba, nos arrinconaba, nos inmovilizaba, y que terminó por desarmarnos. Nos confrontó con nuestras propias debilidades. Nos expuso de tal modo que todo lo que había en nuestro corazón salió a la luz ante esta nueva realidad. Un gigante inesperado, un gigante experto en mortandad, un gigante muy hábil. Un gigante enviado, adiestrado, y diseñado para matar a todo el que le hiciera frente.

Tenía un aspecto irreconocible, pues nunca en la historia de esta generación se había visto un ser igual. Por lo tanto, contrarrestar su ataque era una misión muy difícil. Este gigante provocó una gran confusión aun entre los escogidos de Dios, que no sabían cómo manejar tanto miedo. El miedo provocó devastación y hasta desolación en algunos sectores. La ciencia estaba enfrentando a un enemigo de la vida humana. Se desconocía su procedencia y las armas para contrarrestar su ataque.

Este gigante llamado coronavirus (Covid 19) nos encerró en nuestros hogares por meses. Cerró nuestras escuelas, nuestros centros comerciales y hasta nuestras iglesias. Aquí fue donde todas nuestras vidas cambiaron. Igual que mi situación, pensamos que era un cambio temporero. Hemos tenido que admitir que es un cambio para siempre.

Ahora estábamos encerrados en nuestros hogares con nuestros niños, esposos, abuelos… pero la realidad es que estábamos con gente que no conocíamos. Sí, eran nuestra familia, pero no sabíamos quiénes eran. La falta de convivencia diaria nos había convertido en perfectos extraños dentro de una misma casa. Nos veíamos en la mañana, nos despedíamos, y al regresar en la tarde o en la noche, ni nos mirábamos, pues cada uno se alojaba en sus respectivos espacios; y pasaban días, semanas y hasta meses sin mirarnos a los ojos. Por lo tanto, cuando nos tocó quedarnos encerrados bajo un mismo techo tuvimos que observar bien para identificar quiénes era aquellos seres en los que nos habíamos convertido.

Nos enfrentábamos cara a cara, día a día, preguntándonos: ¿Cuándo fue que los niños crecieron tanto? ¿Cuándo les cambió el rostro? ¿Quién era ese ser que dormía a mi lado y que apenas lo podía reconocer? Intimamos en un tiempo, pero fue hace tanto que no reconozco su respirar en mi rostro. Esta lejanía creó una brecha tan grande que todavía no se sabe cómo se subsanará. Ahora tenías que estar con todas estas personas llamadas familia, compartiendo un mismo techo sin saber qué decir. ¿Cómo se repara este daño?

La vida nos cambió. Ahora no tenía un templo donde pueda arrodillarme a orar frente a un altar. Ahora no tenía a nadie detrás de un micrófono que me animara a adorar a un Dios del que escucho y hablo, pero que a la misma vez no sé cómo invocar en la intimidad de mi casa, pues solo lo hago los domingos en un templo. ¿Y ahora cómo lo invoco en la intimidad de mi hogar? La vida espiritual de mucha gente dependía solo de una reunión en el templo una vez en la semana. Y ahora estaban perdidos y descarriados.

Mucha gente no resistió tanta presión, muchas iglesias no resistieron y jamás volvieron a abrir sus puertas otra vez, sobre todo las iglesias que eran dirigidas por pastores ancianos que no dominaban la tecnología. La vida devocional de muchos cristianos cambió de forma presencial a una forma de adoración virtual. Alternativa que nos ayudó mucho durante ese periodo de tiempo, pero que jamás sustituirá la bendición de las reuniones presenciales.

Muy lamentablemente se dispararon los suicidios, la violencia intrafamiliar y los crímenes; la desolación fue mortal. Las muertes por el virus fueron expuestas por los medios de una manera brutal y tan fuerte, que enfermó a las personas psicológicamente, y los estragos en las mentes de los seres humanos fueron peores que el mismo virus. Este gigante diabólico fue violento y constante. Al sol de hoy todavía seguimos ante su amenaza.

Nosotros, como Iglesia, no fuimos la excepción; también sentimos miedo, confusión y no teníamos un plan de acción. La pastora se comunicó conmigo y con mi hermana, nos habló de su angustia ante este panorama y nos pidió nuestra ayuda. Ante su tristeza y desesperación, accedimos y le propusimos un plan. Nos encargaríamos de la escuela bíblica virtual y reunimos a los hermanos en las diferentes plataformas digitales que estaban disponibles. Los jóvenes se atendían reuniéndose en la semana de la misma manera. Llamábamos a los hermanos y le enviábamos mensajes para cerciorarnos de que estaban bien. Hicimos diferentes actividades en parques abiertos para llevarles aliento y esperanza a las personas, en estos momentos de tanta desesperación. Hasta que el Señor nos habló para llevar *Un café con mi Amado* a la radio.

El milagroso salto a la radio

Hacía muchos años que el Señor me había hablado sobre el tiempo donde tendría un programa de radio en el cual predicaríamos Su palabra. Ya que nuestro Dios es un Dios que cumple Su palabra, llegó ese tiempo. Pero, ¿cómo lo haríamos si era un tiempo de pandemia, de encierro, donde todas las actividades agendadas estaban paralizadas? Era un tiempo donde pensábamos que todo estaba acabado.

Ese fue el tiempo donde *Un café con mi Amado* sufriría un cambio. Ya no sería presencial, ahora sería radial. Se convirtió en un medio de comunicación con una gracia muy hermosa, y que llevaba consigo una gran responsabilidad, pero a la misma vez muy subestimado y con un potencial divino de interacción. ¡Aprendí a amar y a respetar profundamente este medio!

Hubo un amigo, Joel, que conocimos por medio de una muy querida amiga que sabía sobre el proyecto y sobre la palabra que Dios había depositado sobre el programa radial. Él insistió para llevarlo a cabo, y yo me decía, "pero es que este no es el tiempo de lanzarnos, mira todo lo que acontece a nuestro alrededor". A su insistencia me comuniqué con un pastor que conocíamos, dueño de una emisora cercana a donde vivíamos, y la señal que le había puesto al Señor era que el pastor accediera a nuestra propuesta, que era una muy sencilla: nuestro programa iba a estar centrado única y exclusivamente en la figura de Jesús.

Cuando hablé con este pastor, él se mostró muy interesado. Estábamos a finales del mes de marzo, y ya en el mes de abril comenzábamos. Y me dije, "Dios mío, no lo puedo creer". Ya tenemos programa, ¿y ahora qué? Parecía una niña pequeña con juguete nuevo.

Dios mío, ¿y ahora qué?

Pues resulta que le pedí a Joel y a mi hermana que fueran parte de este proyecto, y ambos accedieron. Ese mismo día coordinamos para sacarnos fotos, grabar un video, hacer las portadas y planificar cómo íbamos a transmitirlo. Le comuniqué a la pastora todo lo que había acontecido, y cómo ella había sido uno de los instrumentos de Dios para confirmar la palabra que Dios había depositado sobre mí muchos años atrás. Ella reaccionó llena de júbilo y gozo.

Estaba tan feliz que en medio de este tiempo tan duro teníamos una esperanza en nuestras manos. Teníamos un proyecto que nos animaba a seguir hacia adelante. Recuerdo que en mis oraciones siempre le pedía al Señor que nos dirigiera, que nos mostrara qué palabra debíamos hablar. Tomé este reto con gran responsabilidad.

Comenzamos la promoción. Las fotos quedaron hermosas, el video también. Seguíamos orando, y Dios estaba preparando Su hermosa mesa para sentarse con nosotros y compartir un tiempo mirándonos a los ojos y teniendo un tiempo de acercamiento y gran enseñanza. Yo estaba completamente ilusionada. Sentía que cada detalle se acomodaba, todo engranaba y marchaba encaminado.

Llegó el gran día del estreno del programa; habíamos estado orando por ese día. En ese primer programa hablamos sobre Zaqueo, el personaje bíblico que se subió a un árbol para ver a Jesús. Era ese gran encuentro cuando Jesús lo mira y le dice que se baje porque iba para su casa. Estábamos nerviosos. Y comenzamos. Recuerdo que algo supergracioso ocurrió, y créanme, quedó grabado para la historia. Comenzamos a predicar, cada uno de nosotros teníamos un bosquejo y sabíamos qué parte nos tocaba a cada uno. De pronto me dio un ataque de tos que provocó que escupiera a mi pobre hermana. Luego de ese suceso tratamos todos de contener la risa, porque créanme que una vez que uno comenzaba a reír, no íbamos a parar. Pero logramos contenernos y acabamos el programa como lo habíamos planificado.

Para nuestra sorpresa, ese primer programa tuvo una acogida muy hermosa. Muchas personas se conectaron y comentaron lo bien que les había parecido el programa. Los programas subsiguientes fueron teniendo unos números impresionantes para la gloria de Dios. Vivimos experiencias hermosas. Fue un tiempo de gran bendición. Hasta que todo cambió.

Comenzamos a experimentar al cabo de unos meses vientos de tormenta, que comenzaron leves, pero que al cabo del tiempo se enfurecieron con tal fuerza que estremecieron nuestra barca.

DECEPCIÓN SORPRESIVA

La unción provoca crecimiento, expansión, prosperidad, multiplicación, pero nadie te advierte que conlleva un costo muy alto. Cuando tu copa rebosa, te arropa y te inunda, a la misma vez te expone, te delata, te exhibe. De pronto llegó el tiempo de reír sin temor al futuro, vestida de fuerza y dignidad.

Dignidad. Agarré esta palabra y la hice mía desde el principio de mi proceso hasta el sol de hoy. Quise vestirme de dignidad para caminar con mi rostro en alto sin tener de qué avergonzarme en el futuro. Fue una decisión que tomé y mantuve por amor a Dios. Por amor a mí misma. Por amor a mi descendencia.

Hay momentos en la vida donde todo a nuestro alrededor se acomoda a nuestro favor y todo comienza a salirnos bien. Empecé a ver la luz del sol al final de mi largo túnel. Se detuvo el dolor, que por muchos días fue mi compañero inseparable... ya hasta lo extrañaba. Esto en ocasiones asusta. Mi alma me decía:

—Ya mismo pasará algo malo porque no es común que me pasen tantas cosas buenas juntas.

Este pensamiento a menudo nos hace daño. Es posible disfrutar de la bendición de Jehová sin sentirte culpable. De hecho, la culpa, el miedo y la incertidumbre son sentimientos que produce el mismo infierno para torturar al ser humano. Crecimos en una cultura donde la negatividad impera, y creemos que es parte de nuestro ser. Es una cultura de "no", "no puedo", "no tengo", "no lo merezco", "no soy suficiente", "no lo lograré", "¡eso es no posible!" Y cuando te pasan cosas buenas, te dicen:

—Ten cuidado, que algo feo te pasará pronto, porque no es posible tanta bendición.

Los tiempos de Dios son perfectos. Eclesiastés 3:1-9 nos habla de que todo tiene su tiempo y todo tiene su hora. Tiempo de nacer, morir, plantar, arrancar lo plantado, tiempo de llorar y tiempo de reír. Había llegado mi tiempo de reír. Tiempo de ser cuidada por alguien, tiempo de sentirme amada, tiempo de ser llena por Dios, tiempo de aprender a depender sin cuestionar los mandatos del Dios Altísimo.

Fue también tiempo de ser aceptada por el Maestro, reconciliada, atraída, atrapada, enamorada, seducida, con las demostraciones de amor más intensas y bellas que un ser humano pueda experimentar. Es un amor sobrenatural, un amor puro e incondicional, un amor que te mira, te abraza, te arropa y del cual no quieres desprenderte. Es un amor que no duele, jamás te desilusiona, sobrepasa todas tus expectativas, todos tus ideales, que te convence y te conmueve.

Llegó el tiempo de ser invitada a la mesa de mi Pastor, de sentarme en el lugar que había abandonado cegada por el dolor, el lugar que sentía que no merecía, el lugar que Él me había otorgado sin que yo tuviera ningún mérito que me facultara para ocuparlo. Fui posicionada solo por Su misericordia y Su gracia.

¿Cómo es posible que todavía me mires, si te di la espalda en el momento más duro, cuando estabas ahí para mí incondicionalmente? ¿Cómo es que me miras con tanta dulzura? ¿Cómo es que me amas todavía? Aun así dejaste reservado mi lugar en Tu mesa. ¿Cómo es que me amas tanto? No te merezco. No merezco tanto amor.

Llegó el momento de sentirme aceptada por el que amó mi alma sin ninguna condición. Cuando regresé al redil, Él estaba esperándome con mis nuevas vestiduras que colocó sobre mi nueva piel pintada de colores. No me hizo preguntas, solo me sonrió, me limpió, me vistió y me sentó en Su mesa. Colocó todo lo necesario, adornó la mesa, me sirvió el mejor manjar junto con las delicias que llenaron todo mi interior hasta vivificarme por completo. Me escuchó, me tomó de la mano y me sonrió. No merezco tanto amor; me devolvió cada oportunidad que el enemigo me había robado, cada posición, cada anhelo, cada sueño.

¡Qué detallista!

Eran anhelos que solo Él y yo conocíamos. Por supuesto, al sentarme a Su mesa no se hicieron esperar las voces del enemigo. Levantó su voz profiriendo toda clase de mal, mintiendo y acusándome injustamente. Pero era de esperarse, pues cenar con el Maestro implicaba una alianza muy fuerte con el Padre, el Hijo y el Espíritu Santo. Se levantó el mismo infierno burlándose de mí, señalándome y preparando trampas para hacerme caer de Su gracia.

Sin embargo, mientras yo cenaba al lado del Caballero de la Cruz, al lado de mi gran amigo, sentía que a Su lado no había temor, aunque me rodearan los perros esperando desgarrar mis vestiduras. Los puedo ver, los puedo escuchar, pero nada de eso me intimida, pues El que no duerme, El que me cuida, está a mi lado. Entonces, se comenzaron a abrir un sinnúmero de puertas y comenzamos a disfrutar de Su gracia y Su favor.

Un nuevo encuentro
con el Caballero de la Cruz

En mi soledad me refugié por completo en Su presencia. No sabía cómo era que las personas pasaban horas y horas hablando con Él. No lo podía entender. Hasta que experimenté la sensación de vivir en Su paz.

En la iglesia desde pequeña te enseñan que debes orar, leer Su Palabra y asistir continuamente a la iglesia. Lo escuchas tantas veces que lo practicas de manera automática y hasta por tradición, pero sin sentir ninguna pertinencia en tu vida diaria.

Tuve que admitir que no sabía orar. No podía dirigirme al Padre Celestial con libertad porque pensaba que no era digna de Él. Se me hacía fácil hablar con Jesús y el Espíritu Santo, pero con mi Padre era casi imposible. Sentía que Él estaba lejos de mí; que nunca me relacionaría con Él. Había un enorme sentimiento de orfandad en mí.

Por lo tanto, comencé a sincerarme con Él, le hablaba con toda libertad y reconocí que verdaderamente no sabía orar. El altar se convirtió en mi lugar favorito. Le rogué que me enseñara cómo debía dirigirme a Él. Comencé a implorarle y a invocarle hasta que poco a poco el miedo y la lejanía se fueron disipando. Pasaban minutos, horas, y cada vez quería que llegara ese momento de intimidad para encerrarme y hablar con mi Padre.

Mientras yo trabajaba para Él, Él se encargaba de todas mis necesidades. Nunca me faltó el pan de cada día, nunca me faltó Su compañía, y siempre hubo flores en mi mesa, como Él me lo prometió. Sí, flores.

Mientras los niños estaban en la escuela, yo me quedaba sola en el apartamento, tiempo que aprovechaba para desayunar y hablar con el Padre, Hijo y Espíritu Santo. Había ocasiones especiales en las que lloraba porque anhelaba sentir unos brazos que me abrazaran y me hicieran sentir que no estaba sola. Lloraba y le pedía al Señor Jesús que me abrazara, que me hiciera sentir que todo estaba bien, que estaba protegida y no estaba sola.

Anhelaba esos detalles que no me faltaban en mi vida pasada, como una caricia, una compañía con quien pudiera hablar de cualquier tema sin ser juzgada, unas flores que adornaran mi mesa y perfumaran mi apartamento.

Y resulta que una mañana sentí la voz dulce de mi amado Señor diciéndome que me abrazaba con gran amor, y pude sentir Sus brazos amorosos, y mi apartamento se llenó de un olor maravilloso a flores. Era increíble lo que estaba experimentando con esa presencia maravillosa. Pero esta experiencia no se quedó aquí. Recuerdo que la pastora, después que se acabó el servicio esa noche, me dijo:

—Ven conmigo que tengo que darte algo.

Cuando la acompañé hasta el carro me dijo:

—Toma. Jesús me dijo que me detuviera en la farmacia y te comprara estas flores.

Sí, flores. Las rosas anaranjadas más hermosas que alguien pudiera recibir, pues venían de parte de mi amado Señor. Desde esa noche en adelante Él me prometió que no me faltarían flores en mi mesa. Y así ha sido hasta el día de hoy.

La gran decepción

Pasaron varios meses, seguíamos encerrados, pero el programa de radio seguía creciendo en varias formas. Manteníamos unos números estables de audiencia, seguimos enfocados en esta linda aventura, pero el panorama comenzó a cambiar. Sentíamos los tres que algo extraño ocurría. El comentario constante del pastor dueño de la emisora y de nuestra pastora era sobre los números de las personas que se conectaban al programa y la cantidad de veces que la gente compartía las enseñanzas que el Señor nos colocaba en nuestro corazón.

Cada vez los comentarios eran más constantes y, con toda honestidad, yo no me percataba de esos detalles. Estaba agradecida, pero no me enfocaba en eso. Nos dimos cuenta de que la pastora nos visitó la primera vez sin avisar, y todos pensábamos que era para respaldar nuestro ministerio que apenas comenzaba. Pero el segundo día pasó lo mismo, y ahí nos sentimos extraños, pues ella tenía también su propio programa que iba más tarde que el nuestro y no había razón por la cual estuviera también en el de nosotros. Seguimos enfocados hasta que un sábado, en una tienda, ella me expresó que quería hacer una actividad con el programa, y fue ahí que ya no tuve dudas de que algo no andaba bien.

Nos percatamos de que nuestra pastora, mujer que hasta ese momento se había mostrado como una mujer amorosa, preocupada, mentora, amable, comenzó a cambiar su actitud, sobre todo conmigo. A raíz de su actitud hablamos sobre cómo me sentía con respecto a que ella quería tomar decisiones sobre nuestro programa de radio. Le expresé mi incomodidad y ella me indicó que aquellos comentarios fueron porque ella me quería ayudar, pero que no me preocupara que eso no acontecería más. Pero todo cambió. Yo sabía que algo no andaba bien.

De pronto, un buen día, Dios me envió un mensaje un poco fuerte por medio de un hombre que respeto profundamente y que es un gran siervo de Dios. Me dijo estas palabras:

—Giada, la manera en la que tú ves a tu pastora no es la misma manera en la que ella te ve. Tienes que salir de ese lugar y debes congregarte en tu casa con tus hijos, porque estás en peligro de que te lastimen profundamente.

Cuando escuché esas palabras fueron contundentes para mí, porque fueron directas y mi corazón sabía que él no mentía y que debía hacer lo que Dios me advertía. Pero, ¿cómo iba a abandonar la iglesia si hasta ese momento no había una razón de peso para irme? Me habían enseñado que debía permanecer estable en una congregación para tener una cobertura adecuada, y más aún si estaba iniciando un ministerio. Todas esas enseñanzas rebotaban en mi cabeza y hasta me torturaban, y la realidad es que no me fui. Hablé con la pastora, le conté sobre la palabra que Dios me había dado, y le dije que estaba orando para que Dios me dirigiera en esta decisión.

La pastora amable, servicial, amorosa y mentora, ya no estaba. De pronto tenía frente a mí una mujer completamente desencajada, alterada y hasta violenta, reclamándome acerca de cómo era posible que yo estuviera considerando la posibilidad de irme. De ahí en adelante comencé una tortura y un calvario inundado de las más bajas manipulaciones que un ser humano pudiera escuchar.

Comenzó todo con una muy sutil segregación y alejamiento. Ya no contaba con su respaldo. Luego siguieron las indirectas desde el altar refiriéndose a que no todos los ministerios de la iglesia eran dirigidos por Dios. La presión fue tanta que decidí quedarme en mi casa para seguir orando y pedir dirección al Señor. Ese tiempo mis hijos siguieron asistiendo fielmente a la iglesia y yo me quedaba orando en la casa.

Empezamos a orar juntos un día específico de la semana, pero los niños comenzaron a decirme que me extrañaban en la iglesia. Accedí a volver, pero esta vez no asumí ningún cargo. Nunca dejamos el programa radial. Era lo único que me quedaba de mi promesa. Así que la abracé y no la solté. En más de una ocasión quise soltarlo todo, pero la responsabilidad que sentía con las personas que trabajaban conmigo era más grande que yo. Por eso nunca solté el programa.

Me recibieron con una aparente felicidad y acogida, pero ya nada era igual. Pasaron los días y la situación se fue tornando más difícil, hasta que un día recibí una llamada en mi trabajo; una llamada que rompió mi corazón. Una llamada que destruyó toda la fe que me quedaba en aquellas personas que se hacían llamar mis pastores. Hago hincapié en esa frase porque el rol del pastor es guiar, hablar, expresarte cuál es el mejor camino para evitar tropezar. Pero en ese momento estaba siendo traicionada, herida, difamada por aquellos que estaban llamados a cuidarme.

Mi pastor llamó al dueño de la emisora donde presentábamos cada sábado *Un café con mi Amado*, para exigirle que me sacara de la emisora. Sin causas, solo porque él, como pastor, quería que ya no estuviera más allí. Esto provocó una situación muy difícil porque se negaban a hablar conmigo al respecto. Los pastores de mi iglesia en ese momento querían que yo dejara el programa radial porque ellos entendían que debía estar en una disciplina, sin una razón de peso. Todos estos eventos provocaron que saliera de esa iglesia por la persecución que se había levantado.

Ignoré por completo lo que Dios había hablado a mi vida y comencé a visitar otra iglesia, de donde salí igual o peor que de la iglesia anterior. Entonces comprendí lo que era que el Padre aderezara la mesa delante de mí en presencia de mis angustiadores, como reza el versículo 5 del Salmo 23.

IMPRÉGNATE DEL ESPÍRITU SANTO

Pero el que se une al Señor, un espíritu es con él. (1 Corintios 6:17)

En la casa de Jehová moraré por largos días. Viviré en Tu casa el resto de mis días. Ese es un maravilloso privilegio. Decía el salmista *"mejor es un día en tus atrios que mil fuera de ellos"* (Salmos 84:10). Ante esa hermosa verdad se cruzaban en mi mente tantas preguntas, tantos cuestionamientos por las experiencias vividas en estos últimos años...

Amaba a Dios sobre todas las cosas, pero a la misma vez comenzaba a experimentar sentimientos de apatía, coraje y rechazo hacia la Iglesia. Llegó el momento donde no quería saber de las iglesias. Oraba al Señor y le decía que no quería regresar a Su casa. No podía entender tanta hipocresía, tanta violencia, tanta injusticia por parte de aquellos que eran llamados a amar, a cuidar y acompañar. Aquellos que debía procurar ser ejemplos, aquellos que debían mostrar amor, misericordia, cordura y sobriedad.

Sí, cordura, porque había momentos donde pensaba que aquellos líderes con los que me había topado rayaban en la locura. Se mostraban seres con una apariencia de piedad, piedad que negaban con sus actos. Negaban la eficacia de la compasión. Eran capaces de ser como lobos y despedazar sin piedad a su presa frente a sus templos. Dentro y fuera, secretamente, públicamente, era como un caos. Y yo pensaba, "jamás volveré a pisar una iglesia". Le decía al

Señor: "No sé cómo puedes amar a seres tan bajos, tan crueles, tan despiadados. No me pidas que haga lo mismo. No puedo, no soy Tú".

En mi oración recibí una respuesta muy sencilla de parte de mi Señor que cautivó mi alma, que me inquietó, que me estremeció y transformó mi razonamiento. Aportó una información muy valiosa. Provocó que reflexionara y comprendiera un poco la inmensidad del loco amor que siente Dios por sus hijos. Jesús me dijo:

—No debes rechazar a mi Iglesia, que es mi novia y de la que tú formas parte. Piensa cuando tus hijos cometan faltas muy graves, que provoquen en ti dolor, coraje, frustración y hasta rechazo. Todos esos sentimientos prevalecen en tu alma solo un corto tiempo, porque cuando vuelves a mirar a tus hijos a los ojos es imposible arrancarlos de tu corazón por los actos que han cometido. Sus actos no cambian el hecho de que sigan siendo tus hijos. Así es mi amor. Los actos que mis hijos realizan no cambian el hecho de que sigan siendo mis hijos. Nada de lo que hagan cambia mi amor hacia ellos. Por eso es menester que trates de entender mi loco amor, como lo llamas. Porque es un amor incomprendido por muchos.

Ante esa respuesta no pude argumentar mucho, pues transformó mi sentir y mi razonamiento; solo le pedí al Señor que multiplicara mi amor, pues mi amor no era como el de Él. Mi amor era limitado y en ese momento estaba trastocado por las malas experiencias.

Es difícil pensar en no querer visitar un lugar donde se supone que asistes porque necesitas llenar tus vacíos, necesitas recibir sanidad, necesitas tener un encuentro con el que ama tu alma. Y en lugar de eso, recibes malos tratos, miradas de rechazo, miradas acusadoras, miradas de odio. También recibes palabras, palabras que no se las lleva el viento, sino que se alojan en tu corazón como una puñalada que abre la más profunda herida. Palabras tan violentas que casi sientes la muerte entrar por tus oídos, que te roban poco a poco la vida, las ilusiones, te matan los sueños y eso provoca que empieces a cuestionarte hasta tu propia identidad.

¿Cómo es que llegamos a esto? ¿Cómo es que los propios hijos de Dios se matan entre ellos? ¿Cómo llegamos aquí? ¿Cuál es la raíz de todo este ambiente de odio?

Apariencia sacerdotal, comportamiento carnal

Hace muchos años aprendí que en la Palabra se revela un espíritu usurpador, un espíritu falso, un espíritu con una apariencia sacerdotal, pues en sus vestiduras utiliza un efod, que era una vestidura de lino fino que se ponían los sacerdotes del judaísmo sobre todas las otras y que cubría especialmente las espaldas (ver Jueces 17:5).

Sí, cubre las espaldas, aquellas espaldas llenas de cargas del viejo hombre que nunca fue dejado atrás, como se supone debía pasar cuando nacemos de nuevo (ver Juan 3:1-7). Es un espíritu muy poderoso y su manera de comportarse nos engaña. Es un excelente imitador del Espíritu Santo, pues es un experto en la Palabra de Dios. Imita las lenguas de fuego, imita y aparenta hacer prodigios, es un excelente adivinador, por lo tanto, en su casa abundan las profecías que aluden exclusivamente a las emociones, pero carecen de fundamento bíblico.

Es un excelente manipulador, busca engañar a personas vulnerables que son codependientes de otros, y los estudia a tal grado que sabe sus fortalezas y debilidades. Tiene una apariencia muy atractiva y usa las palabras para engañar; por lo tanto, se expresa muy bien. Este espíritu, llamado Terafín, es experto en visiones y sueños; y posee a muchos pastores en este tiempo (ver

Zacarías 10:2-3). Provoca que las ovejas caminen confundidas y errantes, las lastima y las deja tiradas en el suelo.

La pregunta obligada es ¿cómo un ser humano llega a estar poseído por este espíritu? ¿Quién llega a este nivel de confusión? ¿Cómo es posible que alguien que dice ser hijo de Dios caiga en este tipo de engaño?

La respuesta es muy fácil: todos nosotros estamos expuestos a caer, porque el que crea estar firme mire que no caiga (ver 1 Corintios 10:12). Hay dos razones fundamentales por las cuales alguien puede ser poseído por este mal. Uno es la obstinación y otra la soberbia. Otro factor importantísimo es dejar a un lado la Palabra de Dios, pues ninguna disciplina debe sustituir la Palabra de Dios, que es viva y eficaz, y que es la que transforma al hombre y le añade las cualidades del Padre. La transformación produce cambios, nos acerca a Dios, y lo contrario implica la lejanía de nuestro Padre.

Existe el líder con vestiduras parecidas a las de un sacerdote, que se muestra con autoridad, muy parecido a lo que dice la Palabra de Dios. Tiene apariencia de piedad, un don extraordinario de palabra, imita milagros y dice lo que pasará en el futuro por todo lo que ha analizado de sus ovejas. Utiliza algunas porciones de la Palabra y el resto de sus enseñanzas se basa en lo que cree acerca de la vida o en otras disciplinas como la filosofía. Este líder es un excelente actor y puede confundir aun a los escogidos de Dios.

Pero, ¿de dónde surge este espíritu antiguo? ¿Cuál es su origen?

Vamos a hablar un poco de su historia.

Lo santo y lo impuro no pueden convivir

Poco después de la muerte de Josué, en los tiempos de Micaía, el pueblo de Israel estaba sin rey, por lo tanto, se vivía un momento de confusión, desorientación, falta de conocimiento y caos, aunque ellos se sentían seguros y estaban ociosos y confiados (ver Jueces 18:7).

Micaía, de la tribu de Efraín, robó 1100 ciclos de plata a su madre y luego se los regresó. Su madre bendijo a su hijo por regresar el dinero, aun cuando este fue quien lo robó originalmente. Esta acción revela muchísimo sobre el carácter de Micaía y de su madre. La madre dedicó el dinero devuelto a Jehová. Luego, tomó parte de ese dinero devuelto para enviarlo a un fundidor con el fin de construir una estatua dedicada a Jehová, y la colocó en la casa de Micaía. Dios había sido claro sobre construir imágenes, aunque fueran dedicadas a Jehová (ver Éxodo 20:4-5).

Micaía tuvo dioses en su casa; parecía un pequeño templo. Imitó la adoración del tabernáculo utilizando un efod, ídolos y terafines. La palabra "terafines" se define como ídolos domésticos que se adoraban con la esperanza de obtener prosperidad y dirección. Por último, Micaía consagró a uno de sus hijos para que fuera sacerdote, estableciendo un orden de sacerdocio entre sus hijos y una religión rival en Israel. Todo esto vino directamente de Micaía y no de Dios. Estas enseñanzas estaban centradas en el hombre y no en Dios.

Si nos fijamos, en esta historia hubo una fusión de lo santo con lo impuro, la verdad con la mentira. Parecía algo bueno, pero la base desde el inicio estaba mal fundamentada, quizá con las mejores intenciones. Sin embargo, cuando estas mezclas ocurren, lo único que producen es maldición. Esta es la razón por la cual este espíritu es difícil de detectar a primera vista, pues es muy parecido a la verdad de Dios.

¿Cómo puedo saber si he estado en contacto con un espíritu inmundo como este?

Es muy sencillo. Por sus frutos los conoceréis (ver Mateo 7:15). Una persona que ha sido llamada a cualquier ministerio tiene que haber nacido de nuevo. Tiene que haber sido transformada por la Palabra de Dios, su Santo Espíritu. Debe estar sano, debe manifestar los frutos del Espíritu completamente (ver Gálatas 5:22-23). Su carácter debe haber sido transformado.

¿Por qué el nuevo nacimiento es tan importante? ¿Por qué el Espíritu Santo insiste tanto con este aspecto? Analicemos un poco Juan 3:2-5. En esta escena tenemos a un fariseo entrenado en la Palabra llamado Nicodemo, y la Biblia nos dice que era un principal entre los judíos. Era muy importante en aquella comunidad. Y le dice a Jesús en una noche:

> *Este vino a Jesús de noche, y le dijo: Rabí, sabemos que has venido de Dios como maestro; porque nadie puede hacer estas señales que tú haces, si no está Dios con él. Respondió Jesús y le dijo: De cierto, de cierto te digo, que el que no naciere de nuevo, no puede ver el reino de Dios.*

Si no experimentamos la transformación es imposible que podamos ver el reino de Dios. El que no ha sido transformado anda con una venda y camina como carnal imposibilitado de entender lo espiritual (ver 1 Corintios 2:14). No puede percibir las cosas del espíritu en la carne. Sin transformación seguimos caminando carnalmente. Cuando aceptamos al Señor como nuestro Salvador, el próximo paso que debe ocurrir es la transformación por medio del nuevo nacimiento. Por eso el Espíritu Santo insiste en esto (ver Romanos 12:2). Debemos renovar nuestro entendimiento. ¿Con qué? Con la Palabra de Dios. Juan 4:23-24 establece que el Señor busca verdaderos adoradores. Quiere decir que hay adoradores falsos, pero ¿cuáles son los verdaderos? Los que adoran en espíritu y verdad, porque Dios es espíritu.

Si hay carnalidad todavía en nosotros, no podemos adorar en el espíritu. Esos dos elementos no se mezclan. ¿Cómo puedo santificarme para hacer morir a la carne? Con la Palabra de Dios. Santifícalos en tu verdad; tu palabra es la verdad (Juan 17:17). La Palabra de Dios es el agua que purifica (ver Efesios 5:26). Debemos ser purificados con la Palabra. Así es que se nace de nuevo. Pero Nicodemo, en su carnalidad, no entendió nada de lo que Jesús quería explicarle. Él entendió que debía volver literalmente al vientre de la madre. Y Jesús le responde:

Respondió Jesús: De cierto, de cierto te digo, que el que no naciere de agua y del Espíritu, no puede entrar en el reino de Dios.

Es decir, si no nacemos de nuevo no entraremos al reino de los cielos; no hay otro camino diferente. Lo que es de la carne es animal y no puede entender los conceptos de Dios que es espíritu, pero los nacidos del Espíritu verán a Dios que es espíritu.

¿Quiénes son los nacidos del agua y del Espíritu Santo?

En Santiago 3:13-18 dice que el sabio y el entendido deben mostrar una buena conducta, y quiero aclarar que no solo en el templo, sino en todo lugar y en todos sus actos debe actuar en sabia mansedumbre. Esta es la primera característica que muestra uno que ha nacido de nuevo. Y en este tiempo, donde se ha endiosado y catalogado como normal la violencia, es importante destacar este fruto del Espíritu.

Deja que el Espíritu Santo transforme tu vida

Si tienes celos amargos, contiendas en tu corazón, no mientas, porque esta "sabiduría" es completamente diabólica y dirigida por un espíritu maligno. Donde hay celos y peleas, allí hay confusión y todos los actos son corruptos. Pero la sabiduría de Dios es pura, pacífica, amable, benigna, sincera, íntegra, y llena de misericordia y de buenos frutos. Este fruto justo se siembra en paz para aquellos que hacen la paz.

Bienaventurados los pacificadores porque ellos serán llamados hijos de Dios. (Mateo 5:9)

Seguid la paz con todos, y la santidad, sin la cual nadie verá al Señor. (Hebreos 12:14)

Aquí se coloca la paz antes de la santidad; importante cualidad que solo poseen los hijos de Dios.

Si todavía tu carne domina, no le has permitido al Santo Espíritu de Dios que transforme tu vida y todavía exhibes los frutos de la carne, es un buen momento para que le permitas al Espíritu trabajar en tu interior. Debo advertirte que no será para siempre que el Espíritu contenderá con el hombre (ver Génesis 6:3). Si el ser humano insiste en vivir en la carne toda su vida, caminando en ceguera en la oscuridad, y persistiendo en ser terco, llegará el momento en que será llamado obstinado. Lo que ocurre con las personas obstinadas es un asunto muy serio, porque entran en un proceso de rebelión contra Dios, y miren lo que dice la Palabra acerca de esta situación:

> *Porque como pecado de adivinación es la rebelión, y como ídolos e idolatría la obstinación.*

Por cuanto tú desechaste la palabra de Jehová, él también te ha desechado para que no seas rey.
(1 Samuel 15:23)

Si llegamos a este estado, estamos siendo idólatras con nosotros mismos pensando que la Palabra de Dios no es necesaria, porque "yo como ser humano lo sé todo y no tengo que depender de Dios para nada; yo soy suficiente, yo puedo, yo tengo el poder". Estas filosofías abundan en este tiempo. Todo aquel líder que está dominado por estos conceptos es llamado "adivino".

Es muy simple ser seducido por estos modelos de filosofías. En el mundo abunda toda clase de enseñanzas con buena intención, pero mal fundamentadas. Todo conocimiento que vaya en contra de la Palabra de Dios es considerado como una fortaleza espiritual que se aloja en el alma y lucha espiritualmente contra la Palabra de Dios.

Esto provoca que no podamos crecer espiritualmente, y estorba el nuevo nacimiento. Estas zorras pequeñas (ver Cantares 2:15) en ocasiones son casi indetectables. Es necesaria la intervención del Espíritu Santo para que sean reveladas en nuestro espíritu y podamos destruirlas (ver 2 Corintios 10:5). Las costumbres, las tradiciones, la vieja manera de vivir, las filosofías basadas en otras deidades, aunque se muestren con buenas intenciones, su fundamento se alza en contra del conocimiento de Dios. Cuando venimos a los pies de Cristo debemos renunciar a ellas, y permitirle al Espíritu Santo que nos muestre en su Palabra qué es lo correcto; porque no andamos según la carne, andamos guiados por Su Santo Espíritu. Y solo siendo una nueva criatura viviremos en la casa de Jehová por largos días.

VIVIRÉ

No moriré, sino que viviré,
y contaré las obras de JAH.
(Salmos 118:17)

¡El Señor puso una nueva canción en mí!

Mientras todo aquello sucedía, simultáneamente habíamos grabado la alabanza que Dios me regaló, titulada "Viviré". Sin saberlo, estaba por vivir una de las etapas más hermosas que hubiera podido experimentar.

Una vez que grabamos "Viviré", la cual realizamos sin ninguna pretensión y a insistencia de mi hermana, Dios nos abrió la puerta por medio de una publicista puertorriqueña muy especial, y hasta ese momento no me imaginaba el giro que tomaría mi historia.

Planificamos una gira de medios en mi país, Puerto Rico, y no podía creer lo que estaba aconteciendo. Estaba trabajando de la mano con una joven mujer experta en medios, que me expondría a los medios de comunicación con los que crecí en mi país. Teníamos en nuestras manos la posibilidad de que mucha gente escuchara nuestra alabanza. Ese simple hecho llenaba mi alma de una gran ilusión. Dios colocó todas las piezas del rompecabezas en un perfecto orden. Acomodó lo económico, el cuidado de mis hijos, abrió las puertas y entramos por ellas. De ahí en adelante lo que ocurrió con nuestras vidas fue hermoso.

Llegamos a Puerto Rico, comenzamos la gira, visitamos más de diez emisoras de radio y dos de televisión, y recuerdo que hasta ese momento hablar de nuestra experiencia era una situación super incómoda, dolorosa y provocaba en mí un llanto profundo. Incluso cuando predicaba, si el Señor no me pedía que hablara sobre nuestro testimonio, no lo tocaba. En esos días, tenía que hablar sobre lo que vivimos como familia hasta tres veces por día. Terminaba exhausta, pero desde la primera entrevista, me percaté de que ya no me sentía tan dolida como antes. Ya no lloraba, ya me sentía completamente fortalecida.

Pienso que esta experiencia me brindó la oportunidad de cerrar por completo el capítulo de mi experiencia de terror. Necesitaba ver el lugar del accidente nuevamente, ver mi casa amada, mi palomar, como la llamaba, mi pequeña casa. Ya no veía un lugar de dolor, solo veía un lindo y acogedor lugar. Cada pared, cada rincón, lo único que traía a mi mente eran las carcajadas, el correteo de los nenes, momentos felices.

Tenía que volver a ver al padre de mis hijos, y para mi sorpresa ministré la palabra del Señor frente a él. Esa sería una de las pruebas más difíciles para mí, pues pensaba que me derrumbaría, que las palabras no fluirían, pero el Espíritu de Dios me sorprendió una vez más. Pude ministrar frente a él en la iglesia donde "Viviré" comenzó, pues esa noche estaría allí para promover mis eventos y me pidieron que cantara la alabanza. Nadie sabía que estaría allí. De pronto él se apareció. Cuando lo vi, ya no sentí dolor, ni culpa, ni miedo. Solo agradecí a Dios por ese momento. Era necesario ver, palpar, sentir que ya esas heridas estaban cerradas, estaban curadas, que habían cicatrizado por completo.

Viviré

[I]

Esta tormenta me ha hecho caer
Siento que muero, desfallece mi fe
Miro hacia el cielo y me pregunto por qué

Pero recuerdo me dices ten fe

[Coro]

No moriré, sino que viviré

Y contaré las obras del Señor

No moriré, sino que viviré

Pues a Tu lado sé que venceré.

[II]

En el desierto pude comprender

Que es necesario mantenerme de pie

Porque el proceso transformará mi ser

Y voy al Calvario porque allí creceré.

[Coro]

Ohhhh yo viviré

Conocerte

Dios me ha seguido bendiciendo en mi ministerio musical, y al publicarse este libro ya habré lanzado "Conocerte". Esta alabanza nació hace muchos años en un estudio bíblico intensivo sobre el Espíritu Santo de Dios. La inspiración llegó en el momento que comprendí que nosotros debemos entrar en un tiempo de limpieza, de purificación para que Él pueda morar en nosotros.

El Espíritu Santo es nuestra guía; nos muestra el camino correcto que nos llevará hasta el Padre. Es delicado, suave y a la misma vez contundente, claro y puro. Por eso debe haber un arrepentimiento de nuestros pecados de una manera genuina, pues nuestro corazón debe estar preparado para recibirlo.

La palabra "conocerte" implica una relación íntima. Esa intimidad es la que anhela el Espíritu Santo tener con nosotros, los hijos del Dios Altísimo. Él nos anhela, Él nos espera, Él nos redarguye. Siempre está esperando que le brindemos la oportunidad de acercarse.

Él es un don que muchas veces menospreciamos. Si entendiéramos el privilegio que tenemos al contar con Su presencia, si le conociéramos más, estoy segura de que nuestras vidas serian distintas. No esperes más. Conócelo.

Canta estas alabanzas sencillas cuyas letras te incluyo más adelante e invita al Señor a entrar a tu vida. No te arrepentirás.

Conocerte

Espíritu de Dios
Quiero conocerte
Quiero amarte
Y quiero verte
[Coro]
Límpiame
Purifícame
Y haz morada en mi corazón.

Espíritu Santo, ven
Espíritu Santo, ven
Espíritu Santo. ven
Espíritu de Dios.

EPÍLOGO

Oremos por ti

Padre, en el nombre de Jesús me presento delante de Ti porque eres mi único refugio. A Ti clamo porque en Ti encuentro mi socorro oportuno. Clamo ante tu presencia como dice Tu palabra, Clama a mi que Yo te responderé. Clamo en este momento por mis hermanos que han leído este libro y que en este momento atraviesan el mas duro de los momentos. Clamo para que aclares sus pensamientos que en ocasiones se nublan por el dolor, clamo para que agudices sus sentidos de manera que puedan percatarse de todos los milagros que haces a su alrededor en el momento del desierto.

Clamo para que puedan identificar Tu voz en el valle de sombra, pues como un buen Pastor estás diciéndonos las más dulces palabras y la dirección que provoca la más hermosa protección para no caer, pues no podemos ver. Clamo para que reciban un abrazo fuerte y siempre se sientan acompañados, y jamás les falte el amor. Clamo para que siempre recuerden que la prueba terminará y serán más fuertes, más maduros y sensibles.

Clamo para que entiendan que Tu propósito se cumplirá en ellos a pesar de los tiempos, a pesar de las más duras experiencias, a pesar de cansancio, a pesar del agotamiento. Tu gozo, Jehová, es nuestra fuerza, tu gozo nos sostiene, tu gozo me enseña. Ruego para que aprendan a contentarse en todo tiempo, aunque no entiendan.

En Tu dulce nombre, Jesús. Amén.

ACERCA DE LA AUTORA

Maestra de profesión y adoradora por llamado y vocación, Yarimell Castro Acevedo es una exitosa cantante cristiana y moderadora radial de esta nueva generación. Su programa, *Un café con mi Amado,* ha levantado una amplia audiencia que recibe su ministración asiduamente. Yarimell, también compositora, ya grabó dos de sus alabanzas, "Viviré" y "Conocerte".

Se graduó de bachillerato en Artes en Educación de la Universidad Central de Bayamón. Posee una licencia de Enseñanza de Español a nivel secundario, una de Kinder a tercero, y otra de Preescolar. Trabajó 10 años en el Departamento de Educación de Puerto Rico

Trabaja actualmente como *Head Teacher* en Hall Neighborhood House en Bridgeport Connecticut, donde reside con sus hijos: Abbiel, Yanuel, Yeriel, Kemuel y Amanda Zabaleta.

PARA PRESENTACIONES
Y COMPRAS DE LIBROS,

Contacte a yarimellcastro@gmail.com

(860)975-5585

Redes sociales

Facebook: @Yarimell

Instagram: @YarimellC

YouTube: Yarimell Castro

Tik Tok: @yarimellcastro

www.ingramcontent.com/pod-product-compliance
Lightning Source LLC
Chambersburg PA
CBHW060046260726
48658CB00004B/1197